中国古代法律

石雨祺 编著

中国商业出版社

图书在版编目（CIP）数据

中国古代法律／石雨祺编著．--北京：中国商业出版社，2014.12（2023.4重印）
ISBN 978-7-5044-8549-6

Ⅰ.①中… Ⅱ.①石… Ⅲ.①法制史-研究-中国-古代 Ⅳ.①D929.2

中国版本图书馆 CIP 数据核字（2014）第 299272 号

责任编辑：常　松

中国商业出版社出版发行
010-63180647　www.c-cbook.com
（100053 北京广安门内报国寺 1 号）
新华书店经销
三河市吉祥印务有限公司印刷
＊
710 毫米×1000 毫米　16 开　12.5 印张　200 千字
2014 年 12 月第 1 版　2023 年 4 月第 3 次印刷
定价：25.00 元
＊　＊　＊
（如有印装质量问题可更换）

《中国传统民俗文化》编委会

主　编	傅璇琮	著名学者，国务院古籍整理出版规划小组原秘书长，清华大学古典文献研究中心主任，中华书局原总编辑
顾　问	蔡尚思	历史学家，中国思想史研究专家
	卢燕新	南开大学文学院教授
	于　娇	泰国辅仁大学教育学博士
	张骁飞	郑州师范学院文学院副教授
	鞠　岩	中国海洋大学新闻与传播学院副教授，中国传统文化研究中心副主任
	王永波	四川省社会科学院文学研究所研究员
	叶　舟	清华大学、北京大学特聘教授
	于春芳	北京第二外国语学院副教授
	杨玲玲	西班牙文化大学文化与教育学博士
编　委	陈鑫海	首都师范大学中文系博士
	李　敏	北京语言大学古汉语古代文学博士
	韩　霞	山东教育基金会理事，作家
	陈　娇	山东大学哲学系讲师
	吴军辉	河北大学历史系讲师
策划及副主编	王　俊	

序　言

　　中国是举世闻名的文明古国，在漫长的历史发展过程中，勤劳智慧的中国人创造了丰富多彩、绚丽多姿的文化。这些经过锤炼和沉淀的古代传统文化，凝聚着华夏各族人民的性格、精神和智慧，是中华民族相互认同的标志和纽带，在人类文化的百花园中摇曳生姿，展现着自己独特的风采，对人类文化的多样性发展做出了巨大贡献。中国传统民俗文化内容广博，风格独特，深深地吸引着世界人民的眼光。

　　正因如此，我们必须按照中央的要求，加强文化建设。2006年5月，时任浙江省委书记的习近平同志就已提出："文化通过传承为社会进步发挥基础作用，文化会促进或制约经济乃至整个社会的发展。"又说，"文化的力量最终可以转化为物质的力量，文化的软实力最终可以转化为经济的硬实力。"（《浙江文化研究工程成果文库总序》）2013年他去山东考察时，再次强调：中华民族伟大复兴，需要以中华文化发展繁荣为条件。

　　正因如此，我们应该对中华民族文化进行广阔、全面的检视。我们应该唤醒我们民族的集体记忆，复兴我们民族的伟大精神，发展和繁荣中华民族的优秀文化，为我们民族在强国之路上阔步前行创设先决条件。实现民族文化的复兴，必须传承中华文化的优秀传统。现代的中国人，特别是年轻人，对传统文化十分感兴趣，蕴含感情。但当下也有人对具体典籍、历史事实不甚了解。比如，中国是书法大国，谈起书法，有些人或许只知道些书法大家如王羲之、柳公权等的名字，知道《兰亭集序》

是千古书法珍品,仅此而已。

　　再如,我们都知道中国是闻名于世的瓷器大国,中国的瓷器令西方人叹为观止,中国也因此获得了"瓷器之国"(英语 china 的另一义即为瓷器)的美誉。然而关于瓷器的由来、形制的演变、纹饰的演化、烧制等瓷器文化的内涵,就知之甚少了。中国还是武术大国,然而国人的武术知识,或许更多来源于一部部精彩的武侠影视作品,对于真正的武术文化,我们也难以窥其堂奥。我国还是崇尚玉文化的国度,我们的祖先发现了这种"温润而有光泽的美石",并赋予了这种冰冷的自然物鲜活的生命力和文化性格,如"君子当温润如玉",女子应"冰清玉洁""守身如玉";"玉有五德",即"仁""义""智""勇""洁";等等。今天,熟悉这些玉文化内涵的国人也为数不多了。

　　也许正有鉴于此,有忧于此,近年来,已有不少有志之士开始了复兴中国传统文化的努力之路,读经热开始风靡海峡两岸,不少孩童以至成人开始重拾经典,在故纸旧书中品味古人的智慧,发现古文化历久弥新的魅力。电视讲坛里一拨又一拨对古文化的讲述,也吸引着数以万计的人,重新审视古文化的价值。现在放在读者面前的这套"中国传统民俗文化"丛书,也是这一努力的又一体现。我们现在确实应注重研究成果的学术价值和应用价值,充分发挥其认识世界、传承文化、创新理论、资政育人的重要作用。

　　中国的传统文化内容博大,体系庞杂,该如何下手,如何呈现?这套丛书处理得可谓系统性强,别具匠心。编者分别按物质文化、制度文化、精神文化等方面来分门别类地进行组织编写,例如,在物质文化的层面,就有纺织与印染、中国古代酒具、中国古代农具、中国古代青铜器、中国古代钱币、中国古代木雕、中国古代建筑、中国古代砖瓦、中国古代玉器、中国古代陶器、中国古代漆器、中国古代桥梁等;在精神文化的层面,就有中国古代书法、中国古代绘画、中国古代音乐、中国古代艺术、中国古代篆刻、中国古代家训、中国古代戏曲、中国古代版画等;在制度文化的层面,就有中国古代科举、中国古代官制、中国古代教育、中国古代军队、中国古代法律等。

此外,在历史的发展长河中,中国各行各业还涌现出一大批杰出人物,至今闪耀着夺目的光辉,以启迪后人,示范来者。对此,这套丛书也给予了应有的重视,中国古代名将、中国古代名相、中国古代名帝、中国古代文人、中国古代高僧等,就是这方面的体现。

生活在21世纪的我们,或许对古人的生活颇感兴趣,他们的吃穿住用如何,如何过节,如何安排婚丧嫁娶,如何交通出行,孩子如何玩耍等,这些饶有兴趣的内容,这套"中国传统民俗文化"丛书都有所涉猎。如中国古代婚姻、中国古代丧葬、中国古代节日、中国古代民俗、中国古代礼仪、中国古代饮食、中国古代交通、中国古代家具、中国古代玩具等,这些书籍介绍的都是人们颇感兴趣、平时却无从知晓的内容。

在经济生活的层面,这套丛书安排了中国古代农业、中国古代经济、中国古代贸易、中国古代水利、中国古代赋税等内容,足以勾勒出古代人经济生活的主要内容,让今人得以窥见自己祖先的经济生活情状。

在物质遗存方面,这套丛书则选择了中国古镇、中国古代楼阁、中国古代寺庙、中国古代陵墓、中国古塔、中国古代战场、中国古村落、中国古代宫殿、中国古代城墙等内容。相信读罢这些书,喜欢中国古代物质遗存的读者,已经能掌握这一领域的大多数知识了。

除了上述内容外,其实还有很多难以归类却饶有兴趣的内容,如中国古代乞丐这样的社会史内容,也许有助于我们深入了解这些古代社会底层民众的真实生活情状,走出武侠小说家加诸他们身上的虚幻的丐帮色彩,还原他们的本来面目,加深我们对历史真实性的了解。继承和发扬中华民族几千年创造的优秀文化和民族精神是我们责无旁贷的历史责任。

不难看出,单就内容所涵盖的范围广度来说,有物质遗产,有非物质遗产,还有国粹。这套丛书无疑当得起"中国传统文化的百科全书"的美誉。这套丛书还邀约大批相关的专家、教授参与并指导了稿件的编写工作。应当指出的是，这套丛书在写作过程中，既钩稽、爬梳大量古代文化文献典籍，又参照近人与今人的研究成果，将宏观把握与微观考察相结合。在论述、阐释中，既注意重点突出，又着重于论证层次清晰，从多角度、多层面对文化现象与发展加以考察。这套丛书的出版，有助于我们走进古人的世界，了解他们的生活，去回望我们来时的路。学史使人明智，历史的回眸，有助于我们汲取古人的智慧，借历史的明灯，照亮未来的路，为我们中华民族的伟大崛起添砖加瓦。

是为序。

傅璇琮
2014年2月8日

前言

中国古代法律是指：从公元前21世纪建立首个奴隶制国家夏朝开始，到19世纪中叶鸦片战争发生时为止，中国将近四千年的法律制度与法律思想的总称，这其中包括奴隶制社会法律以及封建制社会法律两种形式。

奴隶制社会的法律从夏朝开始兴起，在商朝得到大力发展，在西周时期已经完善，不过到了春秋战国时期又全部瓦解离崩。"夏有乱政，而作《禹刑》；商有乱政，而作《汤刑》；周有乱政，而作《九刑》"。这些刑罚分别是夏、商、西周法律的代表。西周时期是奴隶制社会法律最完善的时期，在周公的礼治学说与"明德慎罚"思想的双管齐下治理下，西周根据当时需求适时增加了一些刑罚适用原则，像区分故意与过失、惯犯与偶犯等，对后来的封建社会立法产生了很大的影响。礼治思想更是成为后来儒家学说的基础。

春秋战国时期是中国社会大变动时期，也是法律发展的重要时期。奴隶制"礼崩乐坏"，逐渐解体，诸侯国各自为政，分别实行自上而下的变法，大力推行改革，涌现出管仲、子产、邓析等一批革新家。人们的思想也空前活跃，各种政治法律思想纷纷登上历史舞台，出现了诸子百家。各个学派基于各自所代表的阶级利益，提出了不同的政治主张和法律观点，展开了激烈的争论，形成了"百家争鸣"的局面。特别是法家，不仅致力于政治实践，积极推进各国的政治经济改革，而且著书立说，进行理论研究，在法学理论上达到了很高的水平，为我们留下了极其可贵的著作。这些法律思想不仅对当时的变法改革产生过重要作用，而且对战国以后两千多年的封建立法和司法有着意义深远的作用。

中国封建制法律形成于战国时期，发展于秦朝和汉朝，至隋唐趋于成熟和完备，到明清时期达到顶峰，最后于清朝后期解体。

秦朝统治者实行残暴政策，推行严刑峻法，致使法度大坏，百姓奋起反抗，因此秦王朝只统治了二世即消亡。汉代基本沿袭秦律，但汉初统治者汲取了秦朝专任刑罚而致灭亡的教训，崇尚清静无为的黄老学说，重视礼和德的作用，废除了部分酷刑。汉武帝时，"罢黜百家，独尊儒术"，把儒家学说推到了统治思想地位，从而使其成为封建法律最有权威的理论基础。其中，西汉哲学家董仲舒对理论的完善和发展起了很重要的作用。三国魏晋时期，法学发展比较繁荣，曹操、诸葛亮等一代雄才受先秦法家思想影响，比较重视法律的作用。

隋唐时期，《唐律疏议》的产生，标志着中国古代法律走向成熟。《唐律》上承秦汉，下启明清，不仅法条简明严谨，而且律疏合一，将德教礼治与刑政法度紧密结合，是中国古代法律文化的代表之作。

宋、明、清等朝代的法律基本沿袭《唐律》，但根据各自所面临的不同形势而有所增补、修改。宋代思想家朱熹对儒家学说进行了加工和改造，提出了一系列的政治、法律主张，在封建社会后期有很大的影响。政治家、改革家王安石提出的变法思想，以及在财政、经济和行政管理上的立法主张，表现了过人的胆识和见解。明清两代思想家黄宗羲、顾炎武等人的反对君主专制的具有民主色彩的法律思想，则成为封建社会后期法律思想上的几颗明珠。

中国古代法律渊源流长，对中国社会的发展产生过推动作用。经过几千年的历史演变，形成了独具特色的中华法系，对世界上其他国家，尤其是亚洲国家都曾产生深远的影响。

本书展示了我国几千年来古代法律的历史演变，并向大家简要介绍我国古代法律的基本概况和发展流程。如果它能使大家对我国古代文化之重要组成部分——法律产生兴趣、增进了解、激发热情，或者对学习研究有所帮助，那将是本书作者所欣慰之事。

目录

第一章　中国古代法律的产生与发展

第一节　中国古代法律起源 …………………………… 2
刑起于兵 ……………………………………………… 2
法出于礼 ……………………………………………… 3
法律思想之源 ………………………………………… 6
法律鼻祖皋陶 ………………………………………… 7

第二节　中国古代法律制度的发展历程 ……………… 10
先秦时期法律的演变 ………………………………… 10
秦至唐代法律制度的完善 …………………………… 14
宋至清的法律制度 …………………………………… 17

第二章　中国古代法律的内涵

第一节　中国古代法律的核心 ………………………… 22
西周礼治的支柱 ……………………………………… 22
封建皇权与法的碰撞 ………………………………… 25
刑不上大夫 …………………………………………… 27
中国古代法律的多种形式 …………………………… 29

第二节　中国古代法律与制度 ………………………… 35
土地制度与法律 ……………………………………… 35

诉讼的相关规定 …… 37
残酷的刑讯 …… 40

第三章 先秦时期的法律

第一节 先秦的法律制度 …… 44
夏、商、周的法规 …… 44
春秋战国时期的法规 …… 47

第二节 先秦时期的法制人物与专著 …… 50
中国最早公布的法律 …… 50
变法先驱李悝与《法经》 …… 52
商君虽死其法未变 …… 54
为秦始皇所推崇的韩非 …… 57

第三节 先秦时期的法律思想 …… 60
神权思想 …… 60
礼治思想 …… 63
孔子的法律思想 …… 65
道家的法律思想 …… 67

第四章 秦汉时期的法律

第一节 秦汉的法律制度 …… 74
《秦律》的制定 …… 74
两汉的法规 …… 76

第二节 秦汉时期的法制人物 …… 80
法治能臣：李斯 …… 80
汉武帝废除肉刑 …… 84
用《春秋》决狱的大儒 …… 86

第三节　秦汉时期的法律思想 …………………………………… 89
秦始皇的法律思想 ……………………………………………… 89
汉初的黄老学派 ………………………………………………… 92
正统法律思想的形成 …………………………………………… 94

第五章　魏晋至隋唐时期的法律

第一节　魏晋至隋唐时期的法律制度 ……………………………… 100
魏晋南北朝的立法 ……………………………………………… 100
隋代法律制度的发展 …………………………………………… 103
中国最早、最完整的封建法典：《唐律疏议》 ……………… 106
"十恶"与"八议" …………………………………………… 108

第二节　魏晋至隋唐时期的法制人物 ……………………………… 112
乱世奸雄：曹操 ………………………………………………… 112
诸葛亮依法治国 ………………………………………………… 115
敢于犯上的状元法官 …………………………………………… 118
唐朝福尔摩斯：狄仁杰 ………………………………………… 121

第三节　魏晋至隋唐时期的法律思想 ……………………………… 123
魏晋律学家的法律思想 ………………………………………… 123
唐太宗的法律思想 ……………………………………………… 125
白居易的正统法律思想 ………………………………………… 127

第六章　宋元时期的法律

第一节　宋元时期的法律制度 ……………………………………… 132
两宋的立法和法律形式 ………………………………………… 132
辽、金的法律 …………………………………………………… 135
元代的法律制度 ………………………………………………… 137

第二节　宋元时期的法制人物与专著 ………… 141
清廉无畏：包拯 ……………………………… 141
宋慈与《洗冤集录》 ………………………… 143
一代天骄的法制智慧 ………………………… 146
两本折狱专著 ………………………………… 148

第三节　宋元时期的法律思想 ………………… 151
朱熹理学对法律思想的影响 ………………… 151
王安石的法制思想 …………………………… 153

第七章　明清时期的法律

第一节　明清时期的法律制度 ………………… 158
《大明律》的颁布 …………………………… 158
清代的立法 …………………………………… 160
泛滥的文字狱 ………………………………… 163

第二节　明清时期的法制人物 ………………… 167
明代包龙图：况钟 …………………………… 167
清官海瑞 ……………………………………… 169
断案奇才：于成龙 …………………………… 171

第三节　明清时期的法律思想 ………………… 174
朱元璋的法制理念 …………………………… 174
王守仁的法律思想 …………………………… 177
丘浚的法律思想 ……………………………… 179

参考书目 ……………………………………………… 183

第一章

中国古代法律的产生与发展

我们今天所称的"法"或"法律"在中国古代的不同时期有着不同的表现形式和表达方式。中国古代国家形成之初，法律也随之产生。在时代的演进过程中，我国的法律也在不断发展，自夏至清，法律制度也体现了时代的传承性。

第一节
中国古代法律起源

中国古代法律起源于两条途径，一是战争，即"刑起于兵"；二是风俗习惯，即"法生于礼"。"兵"与"礼"演变为法律是一个漫长的历史过程，所以要论及古代法律与法律思想的起源，就不能不上溯到部落时代。

刑起于兵

首先让我们来看一下通过战争途径产生的法律。据古文献追述，中国早在5000年前的黄帝时代便开始了部落联盟间的大规模战争。黄帝时代发生的战争已不同于氏族间偶然的、带有复仇性质的战争，战争的目的在于征服与掠夺。正因为战争与权力、财富相联系，所以战争的性质发生了转变，战争也具有了与以往不同的特点：时间长、规模大。黄帝与炎帝"三战然后行其志"，后又与蚩尤战于涿鹿，并擒杀了蚩尤。黄帝时代战争似乎从未停止过，《史记·五帝本纪》记："天下有不顺者，黄帝从而征之，平者去之，披山通道，未尝宁

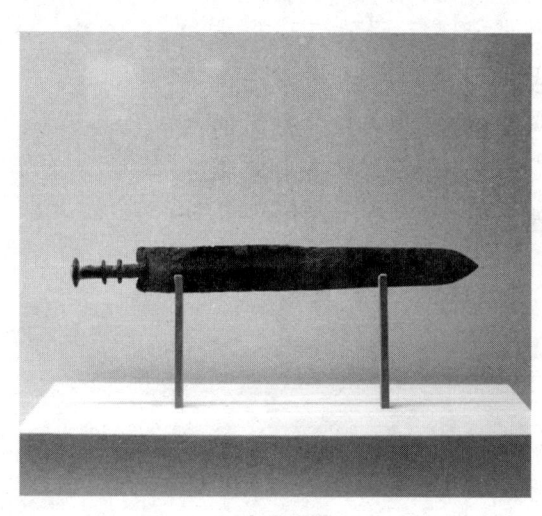

古代兵器

居。"黄帝的后代颛顼、尧、舜等亦与共工、九黎、三苗争战不已。战争的结果是宗主部落与臣属部落的产生,以黄帝、颛顼、尧、舜为头领的部落成为中原地区的宗主,而部落首领"盟主"的权力也由此产生。

权力与法律是孪生兄弟,部落首领被战争所赋予的权力是法律产生的温床。一是战争需要首领发号施令,制约本部落或部落联盟中战士的言行。虽然此时部落首领的利益与部落成员的利益并不冲突,但战争的分工却改变了他们昔日平等的关系。在战争中,指挥与服从的关系随着战争的持久而日趋稳定时,战争时的号令也就演变成了平日的规范,这种规范由部落首领的权力作为后盾,它具有了法律的性质。二是部落首领的权力还表现在其可借天之意对敌对部落实行讨伐,对战败的部落成员或臣属部落的成员实行暴力镇压。这种讨伐、镇压实质上就是"刑"的一种,如《汉书·刑法志》所言:"大刑用甲兵。"《尚书·吕刑》中记载尧、舜奉天之命,讨伐三苗并"遏绝苗民"。当讨伐胜利后,则"报虐以威",用刑罚迫使战败者改"邪"归"正"。

"虞时兵刑之官合为一",法律也正是在部落战争中的刀光剑影中、在部落首领日益强大的权力中萌芽了。这种起于战争中的法律,其主要对象是异部落成员。《尚书·尧典》记舜言:"皋陶,蛮夷猾夏,寇贼奸宄,汝作士。"可见,"士"这个官的职责主要是防御外部落侵犯并镇压异部落成员反抗的,皋陶是传说中以神羊断狱、公正无私的刑官,其做"士",显然可见当时刑罚锋芒所指。

法出于礼

礼最初包含部落风俗,也可以说礼是起源于部落中的祭祀活动。原始社会的人类,对天地鬼神的信仰,简直等同于今人对科学的信仰。世间万物,人的生死全部要受冥冥之中神明的支配,这种观念对古代的人来说是非常根深蒂固,部族的兴旺、繁衍完全倚仗于天地鬼神的庇佑。所以,争取神明的保佑是部落最重大的事情。为了讨取神明的欢心,所有的部落要向神贡献出最珍贵的礼品,这便是祭祀。祭祀必须有严格的仪式和程序,这便是礼的产生缘由。《礼记·礼运》详细记录了礼的产生过程:最开始的礼,是从人类的日常饮食开始的。我国的古代劳动人民将粟粒放在火中烧,把猎物放在火

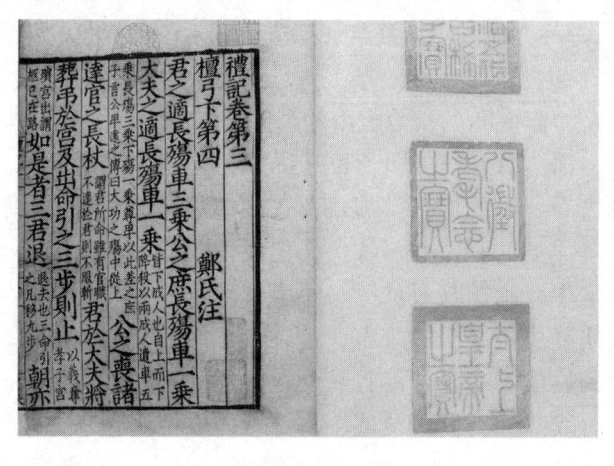

《礼记》书影

上烤；用地当作器皿，挖洞盛酒，利用蒯草扎成鼓槌，把地当作鼓，载歌载舞，把最好的食品进献给鬼神。祭礼进行中，要严格按照礼所规定的仪式程序去做才能表达出人们对天地鬼神的感激和敬畏，人们深信，只有举止按照礼的约束，神明才会接受供品；否则，就是对神明的大不敬。不符合礼所规定的人要遭受神的惩罚。所以，礼具有不容置疑的强制性，更加具有神秘性，这种利用神权当作后盾的礼，在当时毫无疑问具有法的性质。当社会发生大的变动，部落规范已经没有办法制约人们的言行时，礼的内容就可以超越祭祀的范围，主动担负起改变旧习俗的习惯、建立新行为规范的历史使命。由此可见，礼完全把人间的秩序，包装成神的意志。据有关记载，黄帝之后的颛顼进行了一场"宗教改革"。《国语·楚语》中说到，在颛顼之前，"民神杂糅"，每个人都有通神的本领。这样一来，平等确实平等了，不过部落首领的权威却时刻受到严重威胁，因为所有人都可打着神的旗号从事。颛顼派遣重和黎二人（或神）"绝地通天"，区分天地之序，神属于上天，民属于大地，天地神人"罔有降格"。自此后，人们可以随意通神的权利被彻底剥夺了，神意通过在人间的代表传达给普通部落成员。这时候，新的行为规范——礼，巧借已被垄断了的神力，迅速组建起来。这种新的规范就代表了当时的"神权法"。夏朝初期，神权法地位已经根深蒂固。传说和大禹同时的司法官皋陶利用具有神性的独角兽办理案件，每当人们发生争讼，一时难以分辨时，皋陶便命令独角兽试之。独角兽用角触碰的人，便是有罪的人。夏启讨伐有扈氏之时，宣称有扈氏的罪行是"威侮五行，怠弃三正"。也就是说违背了上天的意愿。启对将士们言称："用命，赏于祖；弗用命，戮于社。"也就是说听从命令的人，就会在祖先的神位前获得奖赏；不听命令的人，就会在社主的牌位前得到严厉的惩罚。利用独角兽裁判以及在神位前进行赏罚，

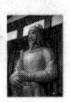

都昭示着国王或者部落首领的权威来自上天，因此，人类的规范同样是来自神意。难怪有人说："礼义者，五帝三王之法籍。"

礼，作为一种代替神意的行为规范，当然和以往的风俗习惯有着明显的差别。部族的风俗习惯是部族成员在长期的共同生活中逐渐约定俗成的，它倚仗的是部落首领的榜样、公众的舆论和道德以及部族成员发自内心的情感三者统一才得以实现。礼则是通过祭祀而慢慢形成的。它相比风俗习惯而言，更具有权威性，而且更加规范，它是维护部族首领权威的最佳工具。礼的完成，尽管也需要舆论的维护，需要同一部族成员所具有的共同信仰，不过其最强有力的后盾却是神权。要是说，风俗习惯主要是通过人们的"知耻之心"而得以维持。那么，礼便是通过人们的"敬畏之心"来实施的。所以，《礼记》开篇便告诫人们："毋不敬，俨若思，安定辞，安民哉。"当然，礼与风俗习惯的联系也非常紧密。从礼的内容上来说，风俗习惯是礼的主要缘由。许多风俗习惯，通过祭祀直接转化为礼。不管是《仪礼》还是《礼记》，全部直接记载了大量的风俗习惯。从适用范围上来讲，礼和风俗习惯都把具有共同信仰、共同祖先的成员当作对象。因为中国疆域广阔，自然形成不同的风俗习惯，也就形成不同的礼。

总而言之，礼和风俗习惯都是血缘社会的产物，估计正因这样，礼尽管具备法的性质，不过却仍把人情放在了首位。后人记述孔子的论礼，很大一部分人都从人情伦理角度出发，像是礼"以正君臣，以笃父子，以睦兄弟，以齐上下，夫妇有所"。中国法律伊始，伦理道德的内容就已经充斥其中了，这也为中华法系所特有的温情打下了夯实的基础。据《礼记》记载，孔子的门生有子和子游看到一个迷路的儿童，正在哭喊着寻找爹娘，那样悲伤的情愫，真的是无法用言语表达。因而有子说："丧礼有规定，亲人离世时，人们要用歌咏的方法表达自己的哀悼之情，让人很难理解。不如像儿童一样，大声号啕大哭，用直率方式表达出心中的悲痛来的真切。"子游反驳说："礼的作用体现在调节人情的意义上，让人情通过正确的方式表达出来。所以，有些礼是抑制感情的，避免其悲伤过度引起身体不适；有些礼，是需要大声宣泄的，避免其因为没有合理释放悲伤情绪而郁结成疾。对感情毫无掩饰地发泄，是野蛮人才会做的事。"用礼疏导人情，即中华法系对人类文明的杰出贡献。旧的规范在礼的发展中得以重生，或许可以证明，新旧制度的交替是能够避免"激变"所导致的矫枉过正。

礼与刑、温情与残忍合为一体，形成了中国古代社会特有的法律制度与观念。

法律思想之源

中国古代法律思想的产生，是随着礼与刑的产生而产生的。它的特点与法律的起源有着不可分割的联系。"国之大事，在祀与戎。"中国古代法律通过祭祀与战争两条途径产生，法律思想亦不外乎祀与戎这两个方面。

祀，即祭祀，指对天地鬼神及故先人的崇拜。这种崇拜是通过一定的仪式加以体现的，这就是礼仪（或礼制），祭祀的目的在于讨取上天或祖先的庇护。因此，礼仪在人们的观念中便成为不可更改的规范。合乎礼仪，便可得到上天及祖先的赐福，不合乎礼仪则会遭受上天所降的灾难。因此，礼的外在表现形式本身，便具有神权法思想的含义。通过祭祀而转化为礼的节文，自然而然地被部落成员视为天及神所降的规则。违背礼的规定，便是不敬，不敬则鬼神罚之。由于礼具有神秘性，所以统治者将其视为天经地义的法则，这种法则传到人间的途径，是圣人所为，绝不是一般人可以理解的。圣人体察天意而制礼，一般人则恭敬天意而守礼，"夫礼，先王以承天之道，以治人之情"，"礼，必本于天，殽（效）于地，列于鬼神"。部落时期，半神化、半现实的部落首领便是垄断制礼特权的人。在当时人的心目中，他们是受人崇敬的、与天相通的英雄，后人则将他们视为"圣人"。他们不仅借神权征服了部落成员，而且借神权神化了自己，将自己打扮成上天在人间的代言人。他们可借上天之意而设置规范，也可借上天之意更改规范。无论他们如何举动，总是可以通过祭祀而将自己的言行合礼化（或合法化）。正因如此，礼被人们视为"合于天时，设于地财，顺于鬼神，合于人心，理万物者也"的"天则"。

戎，即战争，是传说时代与祀并列的头等大事，源于战争的刑罚在当时人们的观念中是一种针对外

古代代表权力的虎符

族人实施的镇压工具。例如，讨伐反叛或入侵者，束缚外族的发展，对臣属部落施以威慑，使其不敢反抗，对同部落成员的友爱与对外部落，尤其是敌对者的歧视，是部落社会一大特点。征伐、掠夺、残杀及残害外部落的人，削弱敌对势力，是部落成员必备的勇敢品质。但是，无论这些野蛮行为如何合理，刑罚在人们的心目中总是摆脱不了"暴虐"的形象。由于刑罚手段的残酷，所以在使用中不免受到严格的限制，过分地使用刑罚则被视为"滥刑"。尤其对同族人过分地使用刑罚则会受到非议，如《吕刑》所言，蚩尤以五刑治苗民，被称为制"五虐之法"，这是蚩尤及后世被上天所"遏绝"的原因。

由于史料的限制，我们无法详细考察远古时代的法律观念，但从法律产生的两条途径中，可以推测，在法律萌芽及刚刚确立时，人们格外重视刑罚的威慑作用及礼的规范作用。通过战争而产生的刑罚及通过祭祀而产生的礼成为中国古代法的最重要的组成部分。刑罚在此后的发展中演化扩充为律典，礼为后世令、式、章程的渊源。这种刑与礼的关系正是中华法系的独特之处。

法律鼻祖皋陶

在原始社会的大部分时间，人类社会关系主要由在生产和生活中形成的氏族习惯自发调整，没有也不需要法律规范来进行调整。例如，恩格斯在研究了人类和国家的起源后认为，"没有军队、宪兵和警察，没有贵族、国王、总督、地方官和法官，没有监狱，没有诉讼，而一切都是有条有理的。一切争端和纠纷，都由当事人的全体即氏族或部落来解决，或者由各个氏族相互解决……一切问题，都由当事人自己解决，在大多数情况下，历来的习俗就把一切调整好了"。

我国战国时期法家的代表人物商鞅也指出在神农时代，"男耕而食，妇织而衣；刑政不用而治，甲兵不起而王"，为我们描绘了原始社会没有法律但秩序井然的状况。而儒家文化则颇具理想色彩，把禹之前的原始社会描述为"人不独亲其亲，不独子其子。使老有所终，壮有所用，幼有所长，矜寡孤独废疾者，皆有所养……谋闭而不兴，盗窃乱贼而不作，故外户而不闭"的大道畅行的大同社会。

这种状况在我国一直持续到原始社会末期，大致在尧、舜、禹时代甚至

更早一些，法律开始萌芽。例如，商鞅说黄帝时代"内行刀锯，外用甲兵"，也就是针对氏族内部成员违反氏族秩序的行为，用以"刀锯"为代表的刑具来治理，氏族之间涉及争端则用"甲兵"（战争）的方法来解决，这里的刀锯都是刑具，这也是古人造"刑"字时为什么从"刀"的本意。另一部古代的书籍《尚书》中则多有关舜帝时代设法制刑和施行刑罚惩治犯罪的记载，传说中的中国法律第一人——皋陶就生活在这个时代。

皋陶，也称"咎繇"，相传是舜帝时代执掌刑狱的"士"，即我们今天的司法官。《尚书·舜典》中对舜帝任命皋陶做士一事做了记载："皋陶，蛮夷猾夏，寇贼奸宄。汝作士，五刑有服，五服三就，五流有宅，五宅三居。惟明克允！"这段话大意就是："皋陶，现在外族侵扰我们中国，抢劫杀人，造成外

独角神兽——獬豸

患内乱。你来做士，五刑各有适用的对象和方法，分别在野外、市、朝三处执行；五种流放各有自己的处所，分别流放到三个远近不同的地方。（你做了士，）一定要明察案情，公允处理啊！"《竹书纪年》也有相关记载，即"帝舜三年，命皋陶作刑"。

皋陶被任命为士之后，用五种刑罚辅助五品教化，天下大治，因而受到一致好评，后世也多传皋陶任职期间能够恪尽职守、秉公执法，所以当时社会无冤狱、无虐刑，而皋陶本人也一直被公认为是中国法律的鼻祖加以尊崇。

东汉王充《论衡·讲瑞》曰："五帝、三王、皋陶、孔子，人之圣也。"把皋陶与五帝、三王和孔子并称为"古之圣人"，对他评价甚高。唐朝时，唐玄宗更是追认皋陶为"李氏始祖"，曾于天宝二年（公元743年）追封其为大唐"德明皇帝"。关于皋陶的传说在民间也广为流传，今山西省洪洞县有个村子叫士师村，又名"皋陶村"，以皋陶的官称和名字同时命名村子，可见皋陶其人其事的深远影响。另传皋陶死后葬在安徽六安，而今安徽六安城东有皋陶墓，墓前有清同治年间安徽布政使手书"古皋陶墓"碑刻一块，是六安县

的重点保护文物。

据说皋陶有一只叫作獬廌（也写作"獬豸"）的独角神兽，这只神兽能判断出谁是有罪的人。每当皋陶遇到疑难案件无法解决时，就恭敬地请出獬廌来断案，而獬廌也能不负众望，常常会用自己的独角去触有罪的人，从而使案情大白。后来，獬廌作为公正、正直的化身，成为中国传统法律的象征，受到历朝历代人们的推崇。相传在春秋战国时期，楚成王曾获一只獬廌，便依照其形状制成冠戴于头上，一时间国人争相仿效，獬廌冠在楚国成为时尚。秦朝时，执法御史带着这种冠，汉承秦制也概莫能外。东汉时期，皋陶像与獬廌图成了官府中不可缺少的饰品，獬廌冠也被冠以"法冠"之名，从此成为一种习惯一直延续下来，直至清代，御史和按察使等监察司法官员仍一律戴獬廌冠，穿绣有"獬廌"图案的衣服。

今天，我们所使用的"法"字的繁写体为"灋"。东汉许慎《说文解字》对此解释说："灋（法），刑也。平之如水，从水；廌所以触不直者，去之，从去。"可见中国传统的"法"与这只独角神兽息息相关，寓有要如獬廌般秉公断狱之意。

知识链接

夏代的法律

夏代法律在古文献里叫作《禹刑》。《左传·昭公六年》："夏有乱政，而作《禹刑》；商有乱政，而作《汤刑》；周有乱政，而作《九刑》。"其实，用《禹刑》来代表夏朝法律，是表示人们对开国君主与伟大祖先禹的崇敬与怀念。西汉的《尚书大传》中有"夏刑三千条"的出处。东汉的郑玄为《周礼》作注解时也讲述夏代的刑法，其中死刑有200条，宫刑（毁坏生殖器）达到500条，膑刑（凿去膝盖骨）也有300条，劓刑（割掉鼻子）这样残酷的刑罚也有1000条，墨刑（在犯人面上或额上刺刻并涂墨）有1000条，加起来统共有3000条。这些全部是后人的追述，只能当作参考。

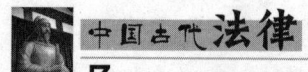

根据《左传·昭公十四年》引《夏书》说，司法官皋陶制定刑法时，制定了"昏""墨""贼"三种罪。"昏"，就是掠夺的涵义，等同于今天的抢劫罪；"墨"，便是不洁的意思，等同于今天的贪污罪；"贼"，等同于今天的杀人罪。只要触犯这三种罪的都处以死刑。除此之外，还有对父母不孝的刑罚。夏代血缘关系拥有很强的约束力。《孝经》中说："罪莫大于不孝。"指的是不孝罪是一种重罪。

第二节
中国古代法律制度的发展历程

先秦时期法律的演变

人类文明早期，生产工具非常简单，生产力低下，科学技术不发达，因此无法对自然界的种种现象和人类自身进行合理解释，久而久之，便产生了原始的天道观，认为冥冥之中是上天在安排着四时运行、年岁丰歉，是上天主宰着人类的生老病死、安乐苦难，因此人类只有敬畏上天、顺从天意，才能丰衣足食、安居乐业，才能免遭上天施加给人类的惩罚。这种原始的天道观反映在古代法律文化中，便是"天讨""天罚"的神权法观念。

夏商时期，统治者一方面把祭祀上天作为国家重要政事来对待，以强调其统治权乃是上天所授，借助天的威望来巩固其统治地位；另一方面将其为

第一章　中国古代法律的产生与发展

维护统治秩序而进行的征伐战争与刑事处罚等打上天意的烙印，从而借助黎民百姓对上天的敬和畏来宣扬其战争与刑事处罚的合理性、权威性。

商建立后，为借助神权的力量来加强王权，统治者把对天的崇拜和对王室祖先的崇拜联系起来，说"帝"（万能的上天）是王的祖宗神，王是"帝"的嫡系子孙，从而合神权与王权为一。商王常常通过占卜的方式将自己的意愿转化为神意，以迫使人民服从自己的统治，其中也包括对定罪行刑问题进行占卜。

在科学技术不发达的中国古代社会，神权法观念一直影响着人们对法的认识，"灋"字就是这种观念的产物。直到今天，中国老百姓还常常会对某些危害社会的现象发出"天理难容""天打雷劈""天谴""替天行道"之类的愤慨或感叹，这正是"天讨""天罚"观念的深远影响。

西周政权建立之后，统治者在夏、商两代"天讨""天罚"的神权法基础上，发展出"以德配天""明德慎罚"的法律思想，构建了礼刑并立、先教后刑的礼治体系，为中华法系礼法结合、德主刑辅特点的形成奠定了基础。

西周政权建立之初，统治者反思夏商统治的经验教训，创造性地提出了"天命靡常""皇天无亲，惟德是辅"的政治理论。大意是说，天命（治理人间的权力）并不是固定不变的，作为世间万事万物的最高主宰，上天与人间君主并无直接的血缘关系，它只选择那些有德者，将天命赋予他们，并保佑他们完成自己的使命。人间的君主一旦失去应有的德行，就会失去上天的保佑和庇护，天命也会随之消失或转移，新的有德者所领导的新国家、新政权就会应运而生，取而代之。夏商被灭，正是由于夏桀、商纣的无德以致其失了天命，分别被商、周所取代。因此，作为奉上天之命来统治万民的人间君主，应该"敬德""明德""以德配天"，才能真正保有天命，并得到上天的保佑和庇护，从而使国祚绵长。大体上，西周统治者认为人间君主应当敬天、敬宗、保民，也就是能够恭行天命、尊崇上天与先祖的教诲、爱护天下的百姓，做有德、有道之君。否则，上

保存良好的周朝城市

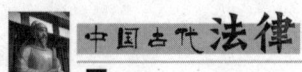

天便会剥夺其天命。

在"以德配天"的理论之下，西周统治者进一步提出了"明德慎罚"的法律思想。所谓"明德"，就是实施德治、推行德教，也就是说，统治者治理国家要用"德教"的办法，通过道德教化，用道德的力量去教育、感化民众，使天下臣服以维护统治秩序；所谓"慎罚"，就是主张在适用法律、实施刑罚时应该审慎、宽缓，而不应用严刑峻法来迫使民众服从。由此，"明德慎罚"就是强调实施德教、用刑轻缓，道德教化与刑罚惩治相结合的治国方略。

在"以德配天""明德慎罚"的理论体系中，"明德"是最起码要懂的礼仪。至于"德"所包含的内容，西周统治者慢慢归纳成内涵丰富的"礼"，臣民百姓只需要依照"礼"的秩序和谐地生活下去，整个国家与社会就会呈现井然有序的状态，"礼"的核心要素是"亲亲"与"尊尊"。

何谓"亲亲"？指的是亲其亲者，就是在亲族范围内，人人都应当亲爱自己的亲属，尤其是以父权为中心的尊亲属，并依照自己的身份行事，做到"父慈子孝，兄爱弟敬，夫和妻柔，姑慈妇听"，亲疏远近、尊卑长幼都有明确的规定。同时，"亲亲父为首"，也就是在家庭、家族关系中，应该承认并维护父亲的家长地位与绝对权威，把父亲当作家庭与家族的中心，子弟要孝顺父兄，小宗要服从大宗，分封与任命官吏也要"任人唯亲"，让亲人获得显贵地位，并依照嫡长子继承制代代世袭下去。

何谓"尊尊"？指的是在社会范围内，每个人都要尊敬值得尊敬的人，每个人都要恪守自己的本分，君臣、上下、贵贱都有明确的规定区别，有严格的等级秩序，下级必须尊敬与服从上级，尤其是必须尊敬与服从拥有最高权力的国君，也就是"尊尊君为首"。

"亲亲"的实质是孝，"尊尊"的实质是忠。"亲亲"原则维护的是以父权当作中心的家庭以及家族伦理之间的关系；"尊尊"原则维护的便是把君权当作中心的社会秩序。"实施德教，用刑宽缓"的真正目的，正是统治者运用教化与刑罚的双重手段，要求天下臣民服从这种严格的尊卑等级秩序，尊崇家长式的统治方式，从而使国家得以安定，社会和谐发展，使天下能够长治久安。在"以德配天""明德慎罚"的思想指导下，西周各代统治者将道德教化和刑罚镇压相结合，创造了"礼治"社会，形成古代中国最早的礼刑并立、相辅相成的法制特点。

"以德配天""明德慎罚"的法律思想不仅在西周所有具体法律制度和宏

观法制特色的形成、发展过程中发挥了直接的引导作用，而且深深植根于中国传统治世理论当中，被后世各朝统治阶层尊奉为政治法律制度的理想原则和正统标本。西汉中期之后，"以德配天""明德慎罚"的主张被儒家学派引申成"德主刑辅，礼刑并用"的基本法律思想以及法制方针，变成中国古代最具影响力的一种法律观念。

春秋初期，各个诸侯国基本上完全沿用西周的法律。到中后期，因为经济基础的变革，阶级关系发生变化，从而引起法律制度进行大变革，其中最突出的表现就是各诸侯国相继公布了成文法，其中更是以郑、晋、楚等国为代表。

公元前536年，郑国执政子产，"铸刑书于鼎，以为国之常法"，这是中国历史上第一次正式公布成文法典。

晋国早有制定成文法的记载，但公布成文法比郑国稍晚。据史书记载，晋平公（公元前557—前531年在位）时，范宣子任晋国执政，曾制定刑书，据说这部刑书"施于晋国，自使朝廷承用，未尝宣示下民"，即可能当时并未公布。直到公元前513年，才被铸在鼎上予以公布。对此，《左传·昭公二十九年》载："冬，晋赵鞅、荀寅帅师城汝滨，遂赋晋国一鼓铁，以铸刑鼎，著范宣子所为刑书焉。"

至于楚国，史书中仅记载在春秋时曾两次制定法律，并不清楚公布与否。总之，制定并公布成文法已然是春秋时期的一种法律现象，这对中国古代法律的发展有着重大意义。

首先，成文法的公布打破了秘刑的传统，使法律从一种隐而不宣的秘刑转变为一种治国的"常法"。成文法的制定和公布，在一定程度上限制了旧贵族的特权，打破了"刑不可知，则威不可测"的壁垒，标志着奴隶制法制的瓦解，封建制法制的建立，从而促进了封建生产关系的发展。

其次，成文法的制定和公布促进了立法技术的发展。制定和公布成文法的过程本身就是对先前零散的法律进行整理和修订的过程，这一过程一方面促成了法律条文的规范化，另一方面初步构建了比较系统的法律体系。

最后，制定和公布成文法为战国时期各国变法革新、制定封建法典奠定了基础，促进了法律文明的发展。

秦至唐代法律制度的完善

我国史学界一般认为，春秋战国时期是我国由奴隶制社会向封建社会的过渡时期。公元前221年，秦灭六国而建立了大一统的帝国，标志着中国正式进入了封建社会。因而，封建社会的法律制度，自然也就应由《秦律》算起。其后经两汉、魏、晋、南北朝，直至隋、唐，进入封建社会的鼎盛时期，封建法律也发展得相当成熟和完备。

中国古代的刑书律典，绝大部分皆已散失亡佚。究其原因，一是战乱不止，多有损毁；二是人为禁焚，尤其是秦始皇一道焚书令，将以往的一切史书典籍除秦国的官方史书及农、医书籍外，全部烧为灰烬。因此，现有文字可以考据确证者，只能从《秦律》开始。秦以后又多次战乱，历朝律典多已毁弃。值得庆幸的是，我国的考古工作者于1975年12月在湖北省云梦县城关一个叫"睡虎地"的地方，从第11号秦墓中发掘出一批保存完好的竹简，其中抄录有《秦律》的许多条文以及当时的一些案例和"法律问答"，极大地丰富了人们对于《秦律》的认识。

《秦律》是中国封建法制的始创，无论内容还是形式，都对以后的历朝立法有深远的影响。尽管《秦律》的大部分内容多已散失，但它在中国法制史上的显著地位是不可磨灭的。

公元前206年，秦亡而汉兴。两汉历经400余年。

"汉承秦制，萧何定律，除三夷连坐之罪，增部主见知之条，益事律兴、厩、户三篇，合为九篇。"这一段话，是《晋书·刑法志》对《汉律》的高度概括。

相传，秦亡后，汉高祖刘邦在与西楚霸王项羽争雄之时，为了争取民心，率先宣布

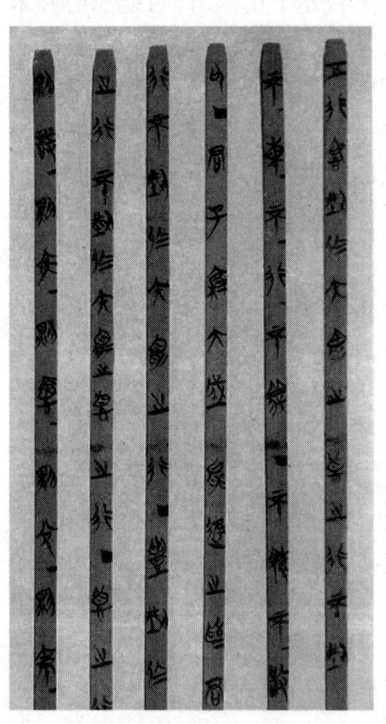

记载《秦律》的竹简

第一章 中国古代法律的产生与发展

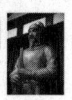

将秦朝的苛法尽行废除。他统率大军攻入咸阳后，又"还军坝上，与父老约，法三章耳"。刘邦所立的"三章法"，只有十个字："杀人者死，伤人及盗抵罪。"其中只规定了一项死罪，这是中国历史上最为简略的法律。颁行后受到百姓的普遍欢迎，"兆民大悦"，这对他能够在军事力量处于劣势的情况下，最终战胜劲敌项羽而夺取全国政权，无疑起了十分重要的作用。

汉朝立国后，面临着许多必须处理的纷繁复杂的事务，原定的"三章法"显然难以适应。统治者感到"三章之法不足以御奸"，担心法网太疏而"漏吞舟之鱼"，刘邦遂"命萧何次律令，韩信申军法，张苍定章程"。于是，汉朝的第一任丞相萧何，"参照《秦律》，取其宜于时者，作律九章"。其篇目就是在《法经》六篇的基础上，又增加《厩》《兴》《户》三章，史称"汉律九章"。不过，《九章律》只能说是汉朝的基本法律。此后，孙叔通又议定《傍章》十八篇；张汤制定《越宫律》二十七篇，赵禹作《朝律》六篇，合计为六十篇。另外，还制定了许多其他的单行律，法愈立而愈繁。

从法制史的角度来考察，魏晋南北朝时期基本上是一个过渡时期，即从秦汉的早期封建法制向隋唐的成熟封建法制过渡的时期。这一时期的律令法度，基本上源于《汉律》，但历朝又对其有所增损，并不断有所突破，因而使早期的封建法制又有了重要的发展。

《魏律》主要以萧何所撰《九章律》为基础，根据三国鼎立时期的社会经济和政治情况，将内容扩充为十八篇。尤其重要的是，将《汉律》沿自《法经》中的《具律》，改作《刑名》，并将其位置排列于篇首。之所以做这样的改动，是因为《具律》的内容涉及刑名，实际上是统管其他各篇的，类似于现代法律的《刑法总则》。原来的排列次序，"罪条例既不在始，又不在终，非篇章之义"，从逻辑结构上说是不合理的。因此《魏律》对其做了调整，将《具律》改为《刑名》且列于篇首，从立法技巧上来看是一大进步。这种结构形式一直为后世历代的律典所沿用。

晋朝的司马氏集团，早在夺取魏曹氏帝位之前，就开始着手修律。公元264年，司马昭为晋王，便提出"患前代律令，本注繁杂"，乃命贾充、羊祜、杜预等人重新修订。贾充等便在《汉律》九章的基础上，又参照《魏律》，撰定《晋律》共二十篇，于晋武帝泰始四年（公元268年）颁行，故又称为《泰始律》。其二十篇总共才六百二十条（又一说为一千五百条），二万七千余字，与《魏律》相比，"蠲其苛秽，存其清约，事从中典，归于益时"。从中国历代法典的编纂来看，可称得上是由繁入简的一个分水岭。

在《晋律》颁行的同时，晋武帝又命律学家张斐、杜预为之作注解，以"明发众篇之多义，补其章条之不足"。其注解经武帝批准，"诏颁天下"，从而具有了法律效力。这大约是我国最早出现的立法解释。后人把张斐、杜预的注解与《晋律》视为一体，甚至有人把《晋律》直接称为"张杜律"。这种注疏律文的做法，后来成为惯例。

北魏又称"后魏"，是由鲜卑族建立的王朝，其开国皇帝是魏太祖拓跋珪。魏初，"礼俗纯朴，刑禁疏简"，尚无监狱和考讯制度，发生案件皆"临时决遣"。北魏统治者入主中原后，为巩固其统治地位，积极吸收汉族文化，尤其重视运用法律的手段治国。史书记载从太祖拓跋珪起，先后八次修律，并吸收西晋以来律学的成就。其特点是"纳礼入律"，将"八议""官当"等级特权的规定正式入律，又规定了对老、小、残废者减刑免罪，对"公罪"与"私罪"加以区别，再犯加重处罚等。《北魏律》在中国封建立法史上占有重要地位。

公元550年，高洋在东魏执政，改东魏为齐，自称"齐文宣皇帝"，史称"北齐"。北齐在沿用《北魏律》的基础上，又加以修订，于公元564年制定《北齐律》十二篇，共九百四十九条。《北齐律》吸收了前代立法与司法的经验，校正古今，所增损十有八九。《北齐律》创制十二篇的体例，对后世立法有重大影响。尤其是首创"重罪十条"，为其后历朝律典中规定"十恶"提供了范例。《北齐律》还确立了"死、流、徒、鞭、杖"五种刑罚，这对后来封建五刑体系的形成奠定了基础。总之，《北齐律》以"法令明审，科条简要"著称，成为隋唐立法的蓝本。因此，《北齐律》是一部上承汉、魏、晋律典之精髓，下开隋、唐律典之先河的重要法典。

隋文帝杨坚于公元581年篡夺北周政权自立为帝，进而消灭南陈，实现了中国的重新统一。隋朝与秦朝颇为类似，由于统治者横征暴敛，二世而亡，成为中国历史上又一个短命王朝。不过，隋朝在立法方面却继往开来，在中国法制史上占据相当重要的地位。

隋朝立国之初，文帝欲行轻刑恤罚，命群臣酌取魏、晋、齐、梁各朝律典，在制定新律时要求蠲除苛法严刑。开皇三年（公元583年），隋文帝又命苏威、牛弘等人删繁就简，重新修订新律，完成了历史上著名的《开皇律》。

《开皇律》以《北齐律》为蓝本，其内容也多采后齐之制，篇目仍定为十二篇，条文删减为五百条。更定刑名为"笞、杖、徒、流、死"五刑，又吸收了北魏规定的"八议""官当"等维护贵族官僚特权的制度，将北齐首创的"重罪十条"更名为"十恶"。自此以后，中国封建法制趋于定型。因此，《开皇律》成为中国封建法制发展史上的重要转折点。

唐高祖李渊于太原起兵反隋时，为笼络人心而"布宽大之令"，与民约法十二条，除了杀人、劫盗、背军、叛逆者处死刑外，将隋末的苛刑酷法全部废除，这是唐代立法的开始。

千古明帝——隋文帝

唐朝立国后，历代皇帝大都重视修律。从高祖李渊制颁《武德律》，太宗李世民修订为《贞观律》，高宗李治又改订为《永徽律》，经长孙无忌、李勣、于志宁等人逐条注疏，正式制颁为《唐律疏议》。《唐律疏议》集以往历朝律典之大成，规范详尽完善，科条简约精当，号称"得古今之平"，成为后世历朝立法之楷模，而且对东亚各国的封建法制产生了重大影响。《唐律疏议》堪称为中华法系的典型代表，在世界法制史上也占有重要的地位。

宋至清的法律制度

如前所述，中国的封建法制发展至隋、唐两朝，基本上已经定型。其后的历朝历代，律法的基本内容并无较大变化，只是在表现形式和具体规定上略有不同而已。

宋太祖赵匡胤结束了五代十国的分裂局面，重新恢复了全国统一。在他登基后的第四年，也就是建隆四年（公元963年），命众臣修律，制颁了《宋刑统》。所谓"刑统"，是"刑律统类"的简称，就是将律文与敕令混合编纂，以便于查找引用。这一分类方式也为后世明、清的立法提供了借鉴。

宋朝立法中又一特色，是尤重"编敕"。"敕"是皇帝发布诏令的一种形式。宋朝时，对"敕"的使用非常广泛，常使用敕书来处断案件，形成具有法律效力之判例。敕令发布很多，时间一长，前后就可能有所抵牾，因而需要用"编敕"的方法来删除过时的，保留适用的，于是"编敕"成为宋朝立法的一种重要形式。

与宋朝对立的，先后有辽、金两朝，都是兴起于东北地区。辽、金的法制，开始时皆以本民族的习惯法为主，当他们强大起来后便迅速使法律"汉化"，其制律都以《唐律疏议》为蓝本。其中，金代的《泰和律》对后世有一定影响。不过，辽、金法律中始终保留了原有的民族特色，一般来说，刑制较严。由于当时处于战争环境，常常不依法律办事，使法律带有很大的随意性。

蒙古族是一个以游牧为主的强悍民族，13世纪初建立了部落联盟的奴隶制国家，成吉思汗曾率大军远征欧洲。但当时本民族的文字初创，基本上还是采用习惯法。成吉思汗将他的命令制颁为"扎撒"，这是蒙古族最早的成文法。

《大明律》

忽必烈入主中原后，开始"循用金律"，即引用金朝的《泰和律》作为断案的依据，但这只是一个短暂的时期。元朝建立后，忽必烈即下令禁用《泰和律》，着手编纂本朝的法典。至元二十八年（1291年）颁布《至元新格》，这是元朝统一后颁布的第一部法典。此后，到元仁宗时，"以格例条画有关风纪者，类集成书"，称为《风宪宏纲》。至治三年（1323年），元英宗又修订颁布了《大元通制》，这是元朝制颁的一部较为完备的封建法典。

与《大元通制》的颁行几乎同时，当时的江西宣抚使将元初到英宗至治二年（1322年）中央政府颁布的各种诏令、条格等，汇编成书，称为《大元圣政国朝典章》，简称《元典章》。它虽然不是元朝正式的法典，但经中书省批准，要求各地"照验施行"，因而具有普遍法律效力。《元典章》一直流传下来，为后世研究元朝的法律制度提供了难得的资料。

元末农民大起义推翻了蒙古族的统治。1368年，朱元璋在南京称帝，建国号为"大明"。他在开国之初，就十分重视立法工作，《明史·刑法志》记

第一章 中国古代法律的产生与发展

述了明初立法的概况:"盖太祖之于律令也,草创于吴元年,更定于洪武六年,整齐于二十二年,至三十年始颁于天下。"

朱元璋制定的《大明律》前后有两个版本。洪武六年(1373年)撰定的版本,其"篇目一准于唐……合六百有六条,分为三十卷,或损或益,或仍其名,务合轻重之宜。"洪武二十三年(1389年)更定《大明律》,洪武三十年(1397年)又将《钦定律诰》一百四十七条附于其后,总其名为《大明律》,于同年五月正式颁行,这是最终厘定的版本,是明代最主要的法典。其后,明神宗万历十三年(1585年),又将《问刑条例》附后,形成《大明律例》。

朱元璋认为治乱世必须用重典,因而陆续制颁了《大诰》四编。所谓《大诰》,就是皇帝对臣民发布的训示和皇帝直接处断的典型案例汇编。《大诰》是中国历史上空前严酷的一部法典。颁行后,朱元璋下令"全国军民人人诵习""户户有此一本",家藏《大诰》者犯罪可以减等,考试以《大诰》命题。当时《大诰》与《大明律》并用,具有最高的法律效力。不过,朱元璋在晚年时也意识到严刑峻法不足化民,故从洪武三十年以后,《大诰》所规定的重刑基本上不再使用。朱元璋死后,《大诰》也就销声匿迹了。明《大诰》在中国法制史上占据一席之地,为后世研究和批判封建重刑主义提供了实际的事例。

1644年,满族入关,建立了清朝。满族统治者深谋远虑,开国之初就采取了"清承明制"的基本国策。顺治元年(1644年),也就是皇太极入主中原后的第一年,就谕令刑部衙门"自后问刑,准依明律",同时谕令众臣着手制定清律。"参以国制,增损剂量,期于平允。"顺治三年(1646年)制颁《大清律集解附例》,基本上是《大明律例》的翻版。直到乾隆五年(1741年)再次修律,改名为《大清律例》,成为定本。

此外,清朝十分重视《会典》的制定,自康熙直至光绪,各帝无不颁布《会典》。其中,光绪时有《会典》一百卷,事例一千二百二十卷,图二百七十卷,详细记载了清开国后至光绪年间各机关的编制、职掌与办事规程和各种事例,是较之《唐六典》更为完备的一部封建行政法典。

清王朝一向重视笼络各少数民族的上层分子。为此,针对不同民族的情况制定了《回律》《番律》《蒙古律》《西宁番子治罪条例》《苗律》等单行法规。这些法律的实施,对于巩固统一的多民族国家起了重要作用。

清朝末年,中国封建社会发生剧烈动荡。1840年鸦片战争后,各帝国主

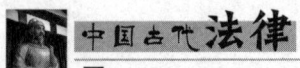

义列强相继侵入，使中国沦为半殖民地半封建社会，国内的阶级矛盾和民族矛盾也空前尖锐。面临着帝制行将崩溃覆灭的危机，清政府迫不得已宣布修订法律。杰出的法学家沈家本被委任为修订法律大臣，他试图引进近代法学理论和西方资本主义国家的某些法律制度，对中国封建法律进行大刀阔斧的改革。但由于沈家本的修律触动了封建法统中纲常礼教的中枢神经，于是遭到顽固守旧派的猛烈反对而夭折。新律未及颁行，沈家本即被贬黜。不久，孙中山领导的辛亥革命于1911年将清朝帝制推翻。至此，延续了数千年之久的封建法制寿终正寝。

知识链接

商代的刑罚

商代的刑罚真可谓残酷到底，把死刑与肉刑当作主刑。死刑包括炮烙、醢、脯、剖心、剿殄、戈伐等。肉刑则广泛沿用夏代的墨、劓、刖、宫刑。

炮烙刑，根据《史记·殷本纪》记载，是在一根横放着的大铜柱上涂上厚厚的油脂，下边烧着旺旺的炭火，强迫犯人赤脚走在滚烫的铜柱上，犯人走不到几步便掉落到炭火中被活活烧死了。

醢刑，是将人剁成肉酱的刑罚。脯刑，就是将人割成一条条，晒成肉干。剖心刑，就是挖出人的心脏。《史记·殷本纪》记载商纣王"醢九侯""脯鄂侯""剖比干观其心"的事。九侯有一个女儿送到纣王那里去做侍女。她非常厌恶过荒淫的生活，纣王便将她杀死了，并且将她的父亲九侯也处以醢刑，残忍地剁成肉酱。鄂侯知道了这件事，严厉指责了纣王的暴行。纣王因而也把鄂侯处以脯刑。比干身为纣王的叔父，经常直言劝谏纣王，纣王恼羞成怒，剜了比干的心脏。

剿殄刑，指的是族刑，是商代死刑中的最高刑罚。

戈伐，指的是用戈杀头，也就是斩、戮。在一条甲骨文上写着，"允戈伐二千六百五十六人"，记述了允这个奴隶主残忍杀害2000多人的事实。

第二章

中国古代法律的内涵

　　中华民族的形成与发展,迄今已有五千年的历史,而中国古代的法律正是在这几千年的中国文化熏陶中形成了特有的内涵。中国历朝历代的法律制度,都在一定程度上体现了它们所对应的时代所拥有的政治经济文化特征,构成了中国古代法律的核心部分。

第一节
中国古代法律的核心

西周礼治的支柱

史传中国的奴隶社会,历经夏、商、周三朝,至西周时,已发展到奴隶制的鼎盛时期,也是盛行礼治的兴隆时期。后人相传周时有"经礼三百,曲礼三千",或者说"礼仪三百,威仪三千"。总之,这些礼仪规范覆盖了国家制度和社会生活的一切领域。从大的方面来说,周礼主要是确立了宗法、分封和世袭三大制度。

宗法制就是确立和巩固以父系血缘关系为枢纽的宗族体系,它由原始社会末期的父权家长制演化而来。宗法制的内容包括:全族人尊奉共同的祖先;宗族以父系计算,嫡长子为族长的当然继承人;嫡长子称为"宗子",为大宗,次子、庶子为小宗,大宗率领小宗,小宗必须服从大宗,如此等等。

西周宗法制度的特点,是把宗族组织

汉服周礼祭烈士

第二章 中国古代法律的内涵

与国家的政权结构紧密地结合在一起。西周的统治者姓姬，周天子是姬姓宗子，为大宗，位尊至高，权力最大，其王位世世代代由嫡长子继承，"百世而不迁"；天子的同母弟和庶兄弟分封为诸侯，称"国"，对天子是小宗，在本国为大宗，国君由嫡长子继承；诸侯的同母弟和庶兄弟分封为卿、大夫，称"家"，对诸侯是小宗，在本家则为大宗，职位由嫡长子继承；卿、大夫的同母弟和庶兄弟称"士"，士没有封土，是最低一级的贵族；士的嫡长子仍为士，余子则降为平民。这样，从周天子直到士，形成一个以父系血缘相维系的奴隶主贵族统治集团，全部国家制度形成了一个放大了的家族制度。而大宗、小宗之间的关系和各自的权利、义务，都是由"礼"来加以规定。宗法与政治等级是完全一致的。例如，天子立七代祖宗之庙，祭七世；诸侯立五代祖宗之庙，祭五世；大夫立三代祖宗之庙，祭三世；士只立一代祖宗之庙，祭一世。祭祀时所用的供品器物也各有不同的规格。如果不按有关规定祭祀宗庙，就会被当作"不孝"，天子就要削夺他的爵位。

分封制是与宗法制配套实行的制度。就是天子按宗法制的原则把土地和人民分配给自己的兄弟和亲属、功臣，以作为中央王朝的辅佐和羽翼，叫作"封邦建国"。据说，周初分封的诸侯国有71个，其中姬姓同宗诸侯53个，如周武王的弟弟周公旦封于鲁，康叔封于卫，唐叔封于晋。还有一些异姓的亲戚、功臣等被封为诸侯，他们都必须臣服中央王朝，定期向周天子朝觐纳贡。在政治上，所有诸侯都必须效忠于周天子；在军事上，各诸侯国要随时听从中央王朝的调遣，派出军队随征；在经济上，诸侯国都必须履行提供赋税徭役等义务。而各诸侯国在管理内部事务方面，又享有较大的独立性，这样就形成了宗族权力与国家权力的紧密结合，造成家、国一体的独特的国家组织形式。而这种权力结构体制和王朝与诸侯国之间的关系等，也都由"礼"来调节。世袭制是由宗法制所派生出来的一种特殊形态的专一继承制，即从天子、诸侯到卿、大夫、士等各级贵族，其王位（或爵位）、财产和权力，都由嫡长子一人继承，世代相传，故又叫作"嫡长子继承制"。世袭制的确立，其主要意义在于防止财产和权力分散，保持大宗与小宗都能永世延续下去，使祖宗的血脉不断、宗庙永继，并可以防止统治阶级内部争权互斗，巩固既定的统治秩序。

中国自从进入奴隶社会以后，实行多妻制，确切地说是实行"一夫一妻多妾制"。天子、诸侯、卿大夫、士等各级贵族，按规定都要娶众多的妃、姬、妾，如"天子后立六宫、三夫人、九嫔、二十七世妇、八十一御妻"，即天子要娶大小老婆126人，其他贵族娶妻妾也各有定数。奴隶主贵族拥有这么多妻妾，一方面反映出统治者荒淫无度；另一方面则是为了确保其能够生育男儿，传宗接代。由于妻妾多，生子也可能会很多，如果对继承问题没有定制，诸子相争，势必引起内讧，造成权力与财产的分散，危及其宗法世代延续的统治秩序。为解决这一至关重要的问题，由嫡长子继承的世袭制便应运而生，并成为不可逾越的严格制度。

世袭制的内容，首先是把众多的妻妾严格区分贵贱的名分，其中只确立一个正妻（在王室则称为"后"，诸"后"中，又以居东宫者为正）。正妻所生子称为"嫡子"，其余姬、妾所生子则概属"庶出"，故称"庶子"。王位和爵位的继承权只属于嫡长子，其余次子、庶子均无继承权，而不管这个嫡长子是否贤能。如果嫡长子已死，则由他的长子即嫡长孙来继承。如果正妻没有生子，则应从诸姬妾中名分最高贵者所生儿子中选定继承人，而不考虑诸庶子年龄之长幼。这样确定继承人的顺序，概括来讲，叫作"立嫡以长不以贤，立子以贵不以长。"这就是有关爵、禄继承之礼。这种世袭制（嫡长子继承制）是宗法制、分封制的核心，也是其他各种礼的核心，其作用在于预防和平息宗长死后的诸子争斗。所谓礼可以"定分止争"，道理就在这里。

周礼还规定了其他许多具体制度，但最主要、最根本的制度就是宗法制、分封制和世袭制。这三大制度可以说是中国奴隶社会的根本政治制度，而规定这些制度的是"礼"，其中的基本精神切实体现了"亲亲"和"尊尊"，从而实现"父父、子子、君君、臣臣"的宗

完备详细的《周礼》

法统治秩序。在奴隶主贵族看来,"礼,经国家,定社稷,序民人,利后嗣者也"。正是由于"礼"能够用以"别贵贱、序尊卑",它在实际上成了中国古代奴隶制国家的根本大法。后来,周礼被孔子整理、编纂,并从理论上加以进一步阐发,形成了儒家的礼教规范,又被历代统治者陆续纳入了封建法典之中,更成为封建社会的正式法律。

封建皇权与法的碰撞

我们中国人极为熟悉的"皇帝"一词是由"皇"与"帝"二字组成。"皇"的原意是大;"帝"则为王者的称号。我国上古时期有"三皇""五帝"的传说,富有浓郁的神话色彩,且因出处的不同而在具体所指方面有极大的歧义,总之是不能与后来"皇帝"的概念画等号的。

"千古一帝"秦始皇是中国历史上的第一个皇帝。在他之前的很长一段时间里,中国社会是一个专制的社会,同样存在着一个基本上不受法律制约的王权,只是与后来的皇权相比,尚未走到极端。秦始皇横扫六合、一统天下之后,踌躇满志,目空宇内,为突出他高不可攀的独尊地位和权威,为显示他"德兼三皇、功盖五帝"的伟大,创造性地以"皇帝"作为自己的尊号。从此,"皇帝"便成为中国古代帝王的专用名称,而皇权理所当然地成为大一统社会的权力中心和中国传统君主专制政治的象征。

自从皇权产生之后,统治者便发动了一场旷日持久的强化和神化皇权的运动。他们利用人们对自然力迷惑和崇拜的心理,虚构出一个主宰自然以及人类社会的至上神灵,即"天"或"天帝",而人间的皇帝则被乔装为"天帝之子",所以皇帝亦称"天子"。皇权源于天授,并非世俗人类的故意安排,这种君权神授的理论将皇权推向了至高无上的地位,并使其披上了一层神秘的外衣。皇权在被神化的同时得以强化,而强化的基本方法就是借助法律,确立其凌驾于法律之上的地位。中国传统法律从本质上说只不过是皇权的工具,法律的最高目标在于维护皇权的稳定和尊严,重点打击危害或可能危害皇权的任何行为。

能从更深的层次反映皇权与法律关系本质的,还在于皇帝个人对立法权和司法权的控制。

由于天下社稷被视为皇帝的私产,因而所谓国法其实就是家法,皇帝作为一国君父，便理所当然地拥有最高的立法权。在这个问题上，在皇帝正式出现之前从思想上便已达成共识。《尚书·康诰》中就有"文王作罚"之说，而《管子·任法》说得更明白："有生法，有守法，有法于法。夫生法者，君也；守法者，臣也；法于法者，民也。"孔子也曾宣称"礼乐征伐自天子出"。其他如商鞅、荀子、韩非等人所鼓吹的君主独制的理论前提就是君主对立法权的垄断。可见，无论儒家、法家，对此的看法惊人的一致，难怪秦始皇敢理直气壮地在《泰山刻石》中宣称："皇帝临位，作制明法，臣下饬修。"从一定意义上说，皇权是法律的象征，皇帝个人是法律的化身，他口含天宪，言出法随，拥有不受时间、地点、程序制约的立法权。同时，国家的任何立法，都是由皇帝授意进行，最终必须经过皇帝的批准方能生效。

象征权力的金銮殿

传统政治理论将国家最高司法权毫无保留地赋予了君主。《管子》提倡君主"独断",《商君书·修权》也认为"权者,君之所独制也"。朱元璋说得更明白:"天子居至尊之位,操可致之权,赏罚予夺,得以自专。"(《明太祖实录》)。诸如此类的理论保证了皇帝对国家司法权的最终垄断,使得无论是地方官吏,抑或是中央法司,他们所行使的司法权在本质上都来源于皇帝的授予。从秦始皇的"昼断狱、夜理书",到唐太宗的死刑五覆奏,到明、清的秋审、朝审,无不反映出皇帝个人对司法的任意干预和全面控制。对于这种做法,不仅无人产生怀疑、提出异议,反而被古人们津津乐道、倍加赞誉。有时,皇帝个人兴之所至、意之所生的司法行为,即便严重践踏了司法公正,扰乱了司法秩序,但仍然被人传为美谈。

　　而当皇帝恼怒时,随时随地都可以杀人,无须经过任何司法程序,这种情形在古代司空见惯,而明朝的廷杖之法便是最典型的表现。皇帝还是国家的最高司法审级,任何重大案件的判决,最后都必须报请皇帝批准。至今仍有不少学者认为古代的死刑覆奏制度反映了皇帝对人命的慎重,认为这是一种德政。其实,它可以理解为皇帝实现其对国家司法大权进行垄断和操纵的基本手段,是集权专制政治在司法上的突出表现。与它所带来的弊端相比,其可取之处简直微不足道。

　　如果一种权力被赋予了凌驾于法律之上的地位,并不受任何制约的话,法律便会失去其原来的意义和价值,匍匐在权力的脚下充当助纣为虐的驯服工具。中国古代皇权与法律的关系充分说明了这一永恒的真理。

刑不上大夫

　　"礼不下庶人,刑不上大夫"是周礼中确立的一条基本原则。当我们在研究奴隶制时代的礼仪时,必然会涉及这一条原则。

　　在中国奴隶制时代的"礼",主要是为了确立和维护宗法世袭制而创制的。按照《周礼》的规定,只有士以上的贵族才有权立庙祭祖,才有宗法可言。庶人不得立庙祭祖,也无土地、奴隶和财产可以继承。所以,庶人无宗法,也就谈不到对他们适用宗法之礼。但决不能认为任何礼都不适用于庶人。事实上,某些普遍性的行为规范,如婚嫁之礼、殡葬之礼等,无疑对庶人也是适用的,不过庶人有庶人的婚礼和葬礼,天子、诸侯、卿大夫、士也各有其婚礼和葬礼，只是礼数及仪式不同而已。

因此，所谓"礼不下庶人"，是指有关宗法、分封、爵位继承等的重要礼仪，不能下之于庶人。这些礼都是为有相当身份和地位的贵族设置的，亦即"礼为有知制"。而庶人尽管不能适用这些礼，也不必尽知众多的礼，但却决不允许庶人对这些礼仪有任何侵犯。一旦有所冒犯，就要动用刑法予以严厉镇压。故，"刑为无知设"。也就是说，奴隶制国家制定刑法，原本不是针对贵族，而是为了对付那些不知晓礼仪的庶人。后世荀况曾解释说："礼教荣辱以加君子，化其情也；桎梏鞭扑以加小人，治其刑也。君子不犯辱，况于刑乎？小人不忌刑，况于辱乎？"这应当说是"礼不下庶人，刑不上大夫"的基本含义。

所谓"刑不上大夫"，本意是说大夫遵礼守法，自然不会犯辱，故对其无需动用刑罚，进而表示大夫尊贵，不可以刑辱也。

应当说明，所谓"刑不上大夫"，并不是说对大夫以上的贵族犯罪者一概不予处罚，而只是说对贵族的处罚"轻重不在刑书"，并且不能与庶人适用同样的诉讼程序。为此明确地赋予他们种种特权，这些特权主要包括以下几点。

（1）"凡命夫命妇，不恭坐狱讼"，即凡属朝廷命官和他的正配夫人，涉及刑事诉讼时，均不必亲自到庭接受审问，而可以委派其家人或部属代理。

（2）"公族无宫刑，不翦其类也"，即对犯有罪行的贵族不能适用阉割其生殖器的宫刑，为的是保留其传宗接代的能力，不使其断子绝孙。

（3）"大夫处死者不弃市，于隐所执行"，即对大夫以上的贵族犯有死罪者，不能押赴闹市斩首，而应在秘密的处所执行。通常是令其自缢或自刎，允许其保留完尸。

（4）"以八辟丽邦法，附刑罚"，即对王公的亲属、旧友、贵族、官僚、贤士、能人、有功劳者及幕宾八种特殊人物，司法机关不能自行处断，须在查明他们的问题后，将其触犯刑律的事实写明并附注应当适用的刑罚，报告君王裁决。这种做法，其后演变为封建法律中的"八议"制度。

总而言之，"礼不下庶人"和"刑不上大夫"的原则，明确宣告了"礼"与"刑"有着鲜明的阶级性，它公开规定各阶级、各阶层在法律地位上决无平等可言。由此可见，奴隶制法律以及后来的封建法律都是赤裸裸的等级特权法。

中国古代法律的多种形式

所谓中国古代法律的形式,也就是中国古代统治阶级将自己的阶级意志提升为法律的时候,具体表现出来的形式。

从夏、商、周到明、清,在中国奴隶社会和封建社会四千多年的历史中,不同类型的社会制度和不同朝代之间,法律表现出了多种多样的形式。其中既有因循沿袭,也有改革创新。归纳起来主要的形式有:刑、法、律、令、典、式、格、诏、敕、诰、科、比、例等。同一朝代往往是三种、四种,数种形式的法律相互结合,共同构成一个完整的法律体系。不同朝代、不同形式的法律适用范围不同,其效力也不一致,简述如下。

1. 刑

通行于夏、商、周和春秋时期的刑事法规。《左传·昭公六年》:"夏有乱政,而作《禹刑》;商有《乱政》,而作《汤刑》;周有乱政,而作九刑。三辟之兴,皆叔世也。"这里所说的"刑",与法同义,指刑律,而不是指刑罚。春秋末年邓析曾制竹刑,范宣子制刑书,后郑国子产等人铸刑书于鼎,也都是指制定的刑事法规。刑,后来称"法"和"律",战国以后多指肉刑或刑罚。

2. 法

法也是中国古代早期法律的一种具体形式。法古体为"灋"。《说文》:"灋(法),刑也,平之如水,从水,廌所不直者去之,从去。"传说廌是形状像牛的独角兽,生性正直,古时断

铜铬刑具

案以被鹰所触者为败诉。这种传说类似西方法制史上说的"神明裁判"。似乎是无稽之谈，但在科学文化落后的奴隶制时代却是可能存在的。据现在所见到的资料，战国时，关东各国无论是法典还是单行法规一般均称为"法"。商鞅改法为律之后，法这一概念只是从广义上被使用。

3. 律

律是商鞅变法后中国古代法律所采用的基本形式。《说文》："律，均布也。"段玉裁注："所以范天下之不一而归于一，故曰均布也。"从史籍记载看，律作为法律的一种形式，是从商鞅"改法为律"后开始使用的，但其影响绝非只限于秦国。出土的云梦秦简的《为吏之道》一文中摘有魏安釐王时两条法律，一条是《户律》，另一条是《奔命律》。这至少说明秦始皇统一前，魏国也已使用律的名称了。

4. 令

法的一种形式。古代统治阶级的代表人物就某一专门事件发布的命令。战国和秦代的令表现为单行法规。汉代的令除表现为单行法规之外，还汇编成集。汉代有令甲、令乙、令丙，仅令甲就有三百余篇，可见当时令之繁杂。魏晋以后，某一方面的专门法典也被称为"令"。魏晋之后，令尽管也成为专典，甚至规模超越律，但在法律体系中，仍处于辅助律的地位。明洪武元年（1368年）颁行的《大明令》一百四十五条是明初法律的主干，后来成为《明律》的基础。

5. 典

古代法规的一种形式。《周礼》有"三典""六典"之说，但疑为对法的一般称谓，并非确有具体法规。典作为法规形式，最早始于唐代。唐玄宗开元十年（公元722年）仿《周礼》六官之制编撰《唐六典》，历经十余年，其篇目为理典、教典、礼典、政典、刑典、事典，这是我国历史上第一部行政法规。元文宗天历二年（1329年）曾"敕翰林国史院官同奎章阁学士，采辑本朝典故，准唐宋会要，著为《经世大典》"十篇。明代有《明会典》，编成于孝宗弘治十五年（1497年），共一百八十卷。嘉靖、万历年间又相继续修，规模不断扩大。清因明制，康熙、雍正、乾隆、嘉庆、光绪时都曾编纂会典，成为修典最多的朝代。

6. 式

《说文》："法也。"《新唐书·刑法志》说式是百官有司之"所常守之法也"。宋神宗修订敕令格诏称："设于此以待彼之谓格，使彼效之谓之式，表奏、账籍、关牒、符檄之类……有体制楷模者皆为式。"由此可见，式属于有关官吏具体行为规范的法律规定，包括的内容很广泛。过去一些学者认为式作为一种法律形式，始于西魏的《大统式》，云梦秦简出土之后得知，这种形式的法律早在战国时的秦国已经出现了。隋、唐时，律令格式并行，式成为法律体系的重要组成部分，其规模也日益扩大。元、明、清时，式的地位下降，在法律体系中已无关紧要。

7. 格

中国古代法律形式之一。《新唐书·刑法志》："格者，百官有司所常行之事也。"依此来看，格也具有行政法规性质。格作为法律的一种形式是从东魏出现的。东魏孝静帝兴和三年（公元541年），命高欢与群臣集议于麟趾阁，制定的《麟趾格》，是我国最早的格。隋唐律令格敕并行，格的重要性增加。元初，格成为法律体系的主要部分，至元八年（1271年）颁行的《至元新格》、顺宗至正四年（1344年）颁行的《至正条格》事实上具有律的作用。明、清两代，有关格的内容并入会典和其他形式的法规，格已不再另设。

8. 诏

诏，中国古代皇帝发布的命令的一种形式，又称"诏令"，也称"诏书"。《释名》："诏，照也，昭也，人暗不见事宜，则有所犯，以此昭示之，使昭然知所由也。""诏"作为法律的名称，始于秦代。秦始皇统一中国改尊号自称"始皇帝",并称自己的命为"制",令为"诏",之后为历代皇帝所沿袭。由于中国长期实行封建专制主义统治,皇帝的诏令往往具有最高的法律效力,它既可以认可、公布法律,也能够变更或废止法律。

9. 敕

中国古代皇帝发布的命令的一种形式,又称"诏敕""敕令"。《释名》:"敕,饬也。使之自警饬不敢废慢也。"敕专指皇帝的命令可能始于汉。既然敕成为皇帝的命令的一种形式,在法自君出的封建专制主义统治下,敕凌驾于律之上就不可避免。在史书中不乏以诏敕更改法律的实例。唐代律令格式并行,而格的相当一部分内容是由敕编纂而成。宋代沿袭唐制,法因唐律令格式并行而损益。开始敕的作用仍是辅律之不足,编敕与刑统相辅而行。之后便逐渐以敕代律,编敕成为法律体系的主干。宋以后,元重视条格,明清已无编敕。只是皇帝对某些官吏进行褒奖和批准兴建寺庙等工程仍称"敕命"。

10. 诰

中国古代皇帝发布的命令、文告的一种形式。《说文》:诰,"告也"。《尔雅·释言》:"谨也。"秦汉之后,帝王地位日益受尊崇。汉武帝元狩六年(公元前117年),"初作诰"。之后,诰这种形式便为帝王专用。宋代以诰命官。明洪武年间,朱元璋颁行《大诰》,这是以诏令形式发布的,由案例、峻令、训导三个方面内容组成的特种刑法。在洪武年间,其效力超越于

河南洛阳汉武帝陵内的汉武帝塑像

律令之上。

11. 科

通于两汉、三国、魏和南北朝时的一种法律形式。《释名》："科，课也。课其不如法者罪责之也。"科即断也，所以依照法律断罪又称"科罪"。由于古代法律不完备，离开法律而科罪就不断发生。《战国策》有"科条既备"之说。这说明战国时已开始出现科条。但是科正式形成一种法律形式是在汉朝。隋唐之后，敕的地位日益重要，科逐渐为敕格所代替。

12. 比

比既是中国古代的一种断狱原则，又是两汉到南北朝时曾通行的一种法律形式。比与例既相同又有区别。律无专条，取其相近者比拟用之谓之比，而例则以已有之成事相比附。久而久之，比便形成一种独立的法律形式，先后出现了"决事比""死罪决事比""辞讼比"等。由于以比断狱，致使司法机构中出现了"奸猾巧法，转相比况"，同罪异论，"所欲活，则傅生议，所欲陷，则予死比"的现象。作为独立的法律形式，汉之后比已不复存在，有关内容已并入其他种法律形式，但比附这种制度在其后的整个封建社会却是一直存在的。

13. 例

与比相同，例既是中国古代的一种断狱原则，又是通行于汉、唐、宋、明、清等朝代的一种法律形式。将"例"的名称正式与法律相结合始于晋代，《晋律》二十篇刑名之下有"法例"律。但此处之例已属律的范围，不再是单独的法律形式。唐、宋时有格、敕，此时的例主要是断狱时比附成例的一种制度。直到明清，例在法律体系中的地位才日趋重要，当时律例并行。两朝后期，均出现了以例代律的现象。

以上只是中国古代法律的主要形式，除此之外还有命、制、宪、程、旨、语书、答问、疏议等。在各种法律形式中，律虽然是基本形式，处于正统地位，但由于中国古代奉行专制主义，法自君出，这种基本法律形式常见为各代皇帝所采用的其他形式的法律所制约。在不同朝代或同一朝代的不同时期，究竟哪一种形式的法律效力最高，往往决定于当时最高统治者的意愿。

知识链接

西周的《九刑》与《吕刑》

西周时期，阶级矛盾进一步加剧，刑法制度得到很大的发展，罪名与刑名更多了。比如罪名有：放弑君王罪，违犯王命罪，不孝不友罪，杀人罪，杀人劫财罪，窃盗拐骗奴隶罪，聚众饮酒罪，等等。

在刑罚方面，西周除了沿用夏商时期的墨、劓、剕、宫、大辟五大刑罚外，另外增加了四种刑罚，也就是流、赎、鞭、扑。流指流放，赎是用铜代替刑罚，鞭是用鞭子抽打，扑是用木板拍打。统共有九种刑罚，所以有"周有乱政而作九刑"之说。《九刑》也叫作"刑书九篇"，是西周编制的成文刑书。

到了西周中期，因为周穆王好大喜功，四处征伐，到处游玩，耗尽了周朝初期数十年的积蓄。为了聚敛财富，周穆王命令司寇吕侯修改《九刑》，制定用铜赎刑的刑书，称作《吕刑》。它规定可以用黄铜抵消五种刑罚。触犯墨刑的人，上缴罚款100锾（古代铜货币单位，1锾重6两）；触犯劓刑的人加倍，也就是上缴200锾；触犯剕刑的罚款500锾；触犯宫刑的人罚款600锾，触犯死刑的人罚款1000锾。赎刑的制定，给中国古代刑罚制度增加了新内容，只是，赎刑代表的只是贵族的一种特权罢了。

《吕刑》中除去有关赎刑的规定外，此外规定了一系列刑事政策、刑罚原则、诉讼制度以及法官责任等。

第二节
中国古代法律与制度

土地制度与法律

中国古代,土地是最重要的生产资料,也是重要的剥削手段,所以历代统治阶级都很重视以法律手段来维护对土地的所有权,并制定了有关土地制度的法律。

从现有史料看,中国奴隶社会的土地制度是奴隶主国家所有制,所谓"普天之下莫非王土,率土之滨莫非王臣",正是这种土地所有制的写照。奴隶主国家以什么方式实现对广大奴隶和庶民的剥削,史籍中记载最多的是实行井田制。所谓井田制,据现代多数学者的意见,就是为了便于耕作和对奴隶的管理,奴隶主把田地分成许多方块而已。到春秋末期,奴隶制度已成为社会生产力发展的桎梏,井田制逐渐遭到破坏。

最早的关于土地制度的法律是反映封建生产关系的要求,是伴随封建制度的确立而出现的。史称,商鞅变法"废井田,制阡陌"(《通典》),"为田开阡陌封疆"(《史记·商君列传》)。这就是说从商鞅变法开始,废除了奴隶主国家土地所有制——井田制,设置纵横于田间的小道,确立封建地主阶级土地所有制。

古代农具

汉代的《田律》史籍中只有零星记载，《周礼·秋官·士师》郑注："古之禁尽亡矣，今野有田律。"郑玄说的"今"，指汉代，这就是说汉有《田律》。《史记·将相名臣年表》：文帝十三年，"除田租税律"。此外，《后汉书·黄香传》："田令，'商者不农'。"这又说明，汉代除《田律》之外，还有《田租税律》和《田令》。

东汉之后，战争连年，国家人口急剧减少，土地大量荒芜。相继而起的封建统治者，为把农民束缚在土地上，加强对多数农民的直接控制，保证赋税的来源，对封建土地和赋税制度曾采取许多措施。其中较重要的有晋代的占田制和北魏的均田制。晋武帝统一之后，实行合田租户口税为一的户调之法。其主要内容为：平民，十六岁至六十岁的丁男占田七十亩，外种五十亩作地租，丁女占田三十亩，外种二十亩作地租；年十三岁至十五岁及六十一岁至六十五岁的"次男丁"则照丁男折半，"女则不课"；丁男之户，每年缴纳绢三匹，绵三斤，女及次丁男减半；边郡折纳三分之二或者三分之一，少数民族每户纳一匹；官员，各以品级占田。第一品五十顷，第二品四十五顷，第三品四十顷，第四品三十五顷，第五品三十顷，第六品二十五顷，第七品二十顷，第八品十五顷，第九品十顷。西晋统治时间不长，其占田制度并未真正实行，对后世影响不大。

北魏太和九年（公元485年），孝文帝下诏实行均田制。其主要内容为：民户男丁十五岁以上受露田（口分田）四十亩，妇人二十亩。间年休耕田加倍授予，须间二年休耕之次田加二倍授予。到了丧失劳动力的年龄，所受之露田退还国家。男丁在露田之外给桑田二十亩，作为永业田，永业田不退。每户租税：粟二十石，帛二匹，絮二斤，丝一斤，另纳帛一匹二丈给州库。官吏分给公田，刺史十五顷，太守十顷，治中、别驾各八顷，县令、郡丞各六顷，不得买卖。北魏在均田中划分永业田和口分田是一个重要特点。为继之而起的北齐、北周所沿袭，对于后来的隋、唐王朝也有重要影响。

隋初和唐初的均田制是在全国统一、疆域不断扩大的情况下实行的，对于恢复因战争而凋敝的农业生产、增加封建国家赋税收入都起过重要作用。隋、唐授田数量各有等差，永业、口分之分沿袭北魏。此外，官吏授"职分田"，官府办公费用给"公廨田"。

隋、唐均田制度以唐初更完备。唐武德七年（公元624年）规定：五尺为步，二百四十步为亩，百亩为顷。平民，丁（二十一岁至六十岁）及男十

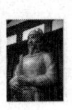

八岁以上者人田一顷，其中八十亩为口分，二十亩为永业。老男及废疾者四十亩，寡妻妾三十亩，当户者增二十亩，皆以二十亩为永业，其余为口分。永业田可以买卖。唐规定："田多可以足其人者，为宽乡；少者为狭乡。狭乡授田减宽乡之半。"还规定，凡受田者，每丁每年缴粟二石谓之租；随乡土所产缴纳绢、绫、绝二丈、绵三两或缴纳布二丈五尺、麻三斤谓之调；每丁每年服役二十日，或缴纳绢六丈代役谓之庸。每丁每年超服役十五者免调，超三十日者租、调全免。这种赋役制度统称"租庸调"。官吏授职分田作为俸禄。

武德元年（公元618年）规定："一品有职分田十二顷，二品十顷，三品九顷，四品七顷，五品六顷，六品四顷，七品三顷五十亩，八品二顷五十亩，九品二顷。"职分田不得买卖。此外，贵族与显宦则处于特殊地位，国家对他们授予大量永业田。亲王以下又有永业田百顷；职事官一品，六十顷；郡王、职事官从一品，五十顷；国公、职事官从二品，三十五顷；县公、职事官三品，二十五顷；职事官从三品，二十顷；侯、职事官四品，十二顷；子、职事官五品，八顷；男、职事官从五品，五顷；六品、七品二顷五十亩；八品、九品二顷（《新唐书·食货志》）。唐初和唐以前的均田法，几乎都未能彻底实行，尤其未能长期坚持。其实际意义就是把因战争而荒废的大量土地分给无地和少地的农民及士兵，强制他们向封建国家缴纳赋税，以保持皇帝封建地主的地位，保证贵族和官吏占有大量的土地。均田制的实行并未能制止封建地主阶级的土地兼并。尽管如此，在客观上它对农业生产的恢复和发展还是有利的。

唐以后，封建法律日趋完备，有关土地和赋税制度的规定已列为法典的重要内容。《唐律》事在户婚；《明律》《清律》事均在户律。

继唐之后的五代、宋、元、明、清各代，在立国之后对于土地、赋税制度虽都有所调整，如宋代王安石的均田、元初赐田、明代的皇庄和鱼鳞册制度等。但由于封建土地制度已经稳定，除每朝代之初新起的统治者以各种名目掠夺土地和榨取赋税、地主阶级对土地进行更激烈的兼并之外，再没有更大的变化。

诉讼的相关规定

"爰书"是战国时的秦国和秦代、汉代司法机关通行的一种司法文书形

中国古代法律
ZHONG GUO GU DAI FA LV

式，其内容包括诉讼案件的诉辞、口供、证词、现场勘查与法医检验记录以及其他有关诉讼的情况报告。

史籍中关于"爰书"的记载，最早见于《史记·酷吏列传》："张汤者，杜人也。其父为长安丞，出，汤为儿守舍。还而鼠盗肉，其父怒，笞汤。汤掘窟得盗鼠及余肉，劾鼠掠笞，传爰书，讯鞫论报，并取鼠与肉，具狱磔堂下。其父见之，视其文辞如老狱吏，大惊，遂使书狱。"这段话的意思是说，汉武帝时御史大夫张汤，原籍是杜陵人。张汤小的时候，他的父亲任长安县丞，有一天出门去了，张汤因年幼留下看家。当张汤的父亲回来时发现老鼠把肉拖走了，非常生气，就把张汤笞打了一顿。张汤便挖开鼠窟捉着了盗肉的老鼠和老鼠吃剩下的肉，按照审判程序对老鼠进行了审判和笞打，并写了一分"爰书"，交给其父亲，同时也拿出了老鼠和肉，在堂下处老鼠以磔刑。张汤的父亲看见这种情况，并看了张汤写的"爰书"，发现其文辞竟如同干了多年的治狱吏，很是惊奇。从此之后，便教张汤书写刑狱文书。这则故事无非是说张汤从小就有治狱的才能，后来能当上御史大夫不是偶然的。但这段记载也留下了一个问题："爰书"究竟是指什么？

对此，历史上不少学者曾进行过解释。三国时的学者苏林说："爰，易也。以此书易其辞处。"唐代学者颜师古说："爰，换也。以文书代换其口辞也。"他们的解释无疑是正确的，可惜失于笼统，"易""换"谁的口辞不清楚，以致后来一些学者把"爰书"仅仅解释为"传囚辞而著之文书"（王先谦《汉书补注》），似乎仅仅是犯罪人的口供记录，这就未免过于片面了。

从史籍记载和相继出土的秦简、汉简中的有关材料看，战国、秦汉时的"爰书"，包括被告人的口供记录，但除此之外，还包括：官方记录或摘抄的

张汤墓

第二章　中国古代法律的内涵

原告上的诉辞；官方记录和摘抄的犯罪人的自首材料；现场勘查和法医检验的报告书；司法官吏对案件判决和判决执行情况的报告书；其他有关案情的综合报告书。这说明"爰书"的内容比过去人们理解的要广泛得多。

"爰书"是一种司法文书形式，"传爰书"则是诉讼过程中的具体制度。关于这种制度的作用，张晏曾说："传，考证验也。爰书自证，不如此言，反受其罪。考讯三日复问之，知与前辞不同也。"（《史记·酷吏列传》"集解"）韦昭说："古者重刑，嫌有爱恶，故移换爰书，使他官考实之，故曰：'传爰书'也。"（《史记·酷吏列传》"索引"）张晏的意思是说，"爰书"把犯罪人的供词记录下来，过几天再讯问。从先后的供词中找矛盾，然后再进行追查。韦昭的意思是说，古代人重视刑法，为了避免某些司法官吏在审理案件中偏听偏信，所以用"爰书"把案情记录下来，再让其他官吏对案件进行审查核实。这两种解释虽然不同，但都有一定道理，并且都能找到历史依据，如在古代法制史资料中，对被告就同一情节反复讯问的例子是存在的。关于韦昭说的通过"传爰书"让其他官吏核查犯罪事实，在史籍和新出土的资料中也是存在的。从秦汉简帛的记载看，一个案件，一般都是由下级官吏进行调查，写移"爰书"，搜集证据，然后由县司法机构做出决断。有的案子事关重大或牵涉官吏，还要报县上一级机构批准。这种报批绝不仅仅是形式，确实有进一步审核的意思。秦律规定：审判案件"罪当重而端轻之，当轻而端重之，是谓不直，当论而端弗论，及易其狱，端令不至，论出之，是谓纵囚"。端，就是故意。这条规定的意思是说：罪应重判而故意轻判，应轻判而故意重判，称为"不直"；应当论罪而故意不论罪以及减轻犯罪情节，故意使犯人够不上判刑标准，定其无罪，称为"纵囚"。这一规定存在和史

奴隶的地位尚不如车马

籍记载秦统治者对"出入人罪"（放纵包庇犯人罪）的治狱吏的惩罚，说明秦对审判的监督是严格的。"传爰书"当然是实行监督的方式之一。

"爰书"这种司法文书形式的出现和"传爰书"这种制度的实行，不是偶然的，而是社会历史发展的产物，所以必须把它同一定的历史条件联系起来看，才能看得更清楚。

随着社会历史向前发展，奴隶、庶民同奴隶主阶级的斗争日趋激烈，仍实行那种"刑不可知，威不可测"的统治方法已不适应形势的需要。春秋末期，新兴地主阶级代表主张公布法律，对奴隶主的特权实行某些限制。后来，一些地主阶级的代表人物还提出了"罚当其罪""刑罪相称"（《荀子·正论》），否则一物失称，就会招致祸乱。"爰书"和"传爰书"制度就是在封建诉讼制度的建立过程中出现的，它的出现和实行表明了封建诉讼制度的日益发展。

残酷的刑讯

刑讯就是在审讯过程中，用刑具对受审判者的肉体进行折磨以逼取口供，作为判罪量刑的依据。在中国，刑讯制度源远流长，早在《周礼》中，就有"以五刑听万民之狱讼"的记载。由于史料缺乏，有关奴隶社会的具体刑讯情况，我们还不得而知。统一的封建国家秦王朝建立后，以刑杀为威，在审判活动中就广泛地使用搒掠刑讯。据《史记·李斯列传》记载，赵高在制造李斯"反叛"的罪名时，就对其"搒掠千余"。"搒掠"即刑讯的意思，李斯在严刑拷问下，"不胜痛，自诬服"，结果被诛灭三族。至汉代，以掠拷罪犯，取供定罪已逐渐制度化，有关刑讯逼供造成的冤案也史不绝书。如东汉时，五十多名地方小吏陆续被怀疑参加了楚王叛乱，在审讯中遭酷刑拷打，"诸吏不堪痛楚，死者大半"（《后汉书·陆续传》）。可见，在秦汉时期，残酷的刑讯就已盛行。

秦汉时期的刑讯，已被作为一种审判形式和方法写进了法律。《秦律》规定："诘之极而数訑，更言不服，其律当笞者，乃笞掠。"意思是经过几次责问，被告数次更改供词，仍不认罪的，要依照法律用刑拷问。在汉代的法律中，也有"掠者唯得笞榜立"和"死罪除名，罪证明白，拷掠已至，而抵隐不服者，处当列上"的规定。秦汉时期，刑讯用什么刑具以及用刑到什么程度，都没有具体的规定，而是由执法官随意进行。在这种情况下，奸吏任意为奸，"擅制刑具，非法残民"，多少无罪的人经不住残忍的刑讯逼供，不是诬服，就是死于非命。古书中谈到当时刑讯的情况时说："搒楚之下，何求而不得。"（《汉书·路温舒传》）又说，"榜箠痛于炮烙，绝灭人命"，"生入死出者，不可胜数"（《汉书·谷永传》）。所以，秦汉时对刑讯尽管有所限制，但司法实践中的任意性是很大的。

魏晋南北朝的统治者，通过总结前代司法的实践经验，看到了刑讯逼供对封建统治带来的不利后果。为了防止各级官吏无限制地滥用刑罚，以免引起阶级矛盾的激化，便提出了"拷刑以法"的主张。当时的各国都先后在法律上对刑具、刑讯的方法和程度作了一些具体规定。在曹魏的《魏法》和晋代的《晋律》中，都包括刑讯的内容。在南朝的梁、陈两国，审讯时实行了"测囚"之法。"立测者，以土为土垛，高一尺，上园劣容囚两足立，鞭二十，笞三十讫，著两械及枷，上垛，一上测七刻。"（《隋书·刑法志》）就是先抽二十鞭子，再打三十下板子，然后带上法定刑具在垛上连续站立"七刻"（每刻相当于今天的十五分钟）时辰，迫使囚犯招供。刑讯具体细节规定的如此详细，已具有规范化性质。在北朝各国，也先后对刑讯的年龄、刑具、拷打次数作了法律规定。如北魏曾规定，拷刑杖限五十，对五十岁以上的人可免于拷刑等。魏晋南北朝时期，刑讯的法律规范化，比起秦汉时期的任意刑讯来，无疑是一个进步。但是，这一时期的法定刑讯，实属过于残酷。然而，即使这些苛刻的法定刑讯，也未在司法实践中得到认真执行，而往往被更加残忍的非法刑讯所代替。《隋书·刑法志》说："自前代相承，有司讯考，皆以法外，或有用大棒、束杖、车辐、鞵（鞋）底、压踝、杖桄之属，楚毒备至，多所诬服。"

唐宋以后，我国封建的刑讯制度有了新的发展。一方面，刑讯进一步规范化、制度化；另一方面，使用"反坐法"来限制非法刑讯的发展。《唐律》规定，官僚贵族和年七十岁以上十五岁以下及废疾者、孕妇，不予拷讯。拷囚时，不得超过三次，总数不得超过二百。刑具必须根据"罪情"分别用讯囚杖、常行杖、笞杖，笞刑必是腿、臀分受，杖刑必须背、腿、臀分受，对刑具的长短粗细也有法律规定。法官若不依法拷讯者，要依法反坐，分情况受到笞三十到徒二年的处罚。宋、元、明、清几朝，也基本上是继承了唐代的拷刑制度，既有法定刑讯，也有禁止非法刑讯的规定。有的封建皇帝，担

中国古代**法律**

ZHONG GUO GU DAI FA LV

古代木枷

心法外刑讯会加剧人民对朝廷的反抗情绪，也曾屡颁诏令，要求对非法用刑的官吏，治以重罪，并亲自对滥用刑讯者加以处理。

在封建社会，由于刑讯本身是合法的，加之封建君主常常带头大兴法外用刑。因此，尽管唐宋之后的各朝在法律上规定了法定刑讯，却未能阻止非法刑讯（法律规定之外的刑讯）的恶性发展。就在《唐律》颁布不久，武则天便任用来俊臣、索元礼、周兴等酷吏，在审案时创造了用醋灌鼻子、下地牢、把人放在大瓮中用火烧等名目繁多的酷刑。明朝末年，魏忠贤迫害"东林党"人时，就对抨击朝政、主张改革弊制的人动用械、镣、棍、拶、夹棍等种种酷刑审讯，可谓"五毒备具"，受刑者"血肉溃烂，宛转求死不得"。杨涟、左光斗等"六君子"就是被多番折磨死在狱中的。除了各级官吏屈法为奸、大搞非法刑讯外，宋、元、明、清几代，朝廷还对法律上没有规定的某些酷刑予以默认，在审讯中普遍加以使用。如元初忽必烈执政期间，全国各官府衙门就实行了一种用绳索绑人的刑讯方法，"一索缚囚，令其遍身痛苦，复稍重，四肢断裂"（《元史·刑法志》）。明、清两代，还对女犯人普遍适用"拶指"刑。直到清末，非法刑讯仍很流行。

刑讯作为地主阶级实行司法镇压的手段，其打击锋芒主要是针对广大劳动人民的，它是地主阶级凶残性和封建政权恐怖黑暗性的表现。刑讯制度之所以在整个封建社会中久行不衰，是有深刻的社会和阶级根源的。出于维护和巩固地主阶级专政的需要，封建统治者既要把人民的不满和反抗宣布为犯罪，用各种严刑峻法加以镇压，又要通过取"输服供词"，强迫农民承认自己所谓的"犯罪"行为，借以说明封建国家的镇压和审判是正当的。于是，刑讯的确认和固定化、制度化就成为必然。同时，封建的司法作风，是以坐堂问案、察言观色为特征的，"罪从供定"被奉为各级官吏的办案原则。只要被审人招供画押，就算取得了定案的依据。这样，刑讯便成了取得"口供"的"合法"手段，以致助长了非法刑讯的恶性发展。所以，刑讯是封建专制制度的必然产物，是地主阶级自身难以克服的顽症。

第三章

先秦时期的法律

夏、商、周三代时期,是中国古代法律的起源和雏形阶段,法律尚处于秘而不宣的状态;自春秋起,井田制瓦解,中国古代社会发生了激烈的变革,倡导"法治"的法家登上历史舞台,中国古代的法律制度进入了新的阶段。

第一节
先秦的法律制度

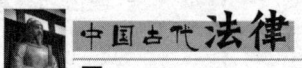

夏、商、周的法规

公元前21世纪,随着夏朝的建立,我国进入阶级社会,作为主要国家机器之一的法律便也建立起来。虽然夏朝之前也有习惯法和司法官,但真正形成法律制度当从夏朝开始。夏朝于公元前16世纪结束,继夏而起的是商朝,商朝经过五个世纪的统治后,被西周王朝所取代,西周王朝于公元前770年终止。夏、商和西周时期的法律制度是中国奴隶制法律制度,也是中国法律制度的开端。

夏朝法律,总称《禹刑》。以禹命名,表示对开国君王和杰出祖先禹的崇敬和怀念。"刑"在中国古代与法相通,是法的代名词之一。《禹刑》的具体内容包括:

罪名。根据《左传·昭公十四年》所引《夏书》记载:"昏、墨、贼、杀,皋陶之刑也。"意思是说:犯强盗罪、贪污罪和杀人罪,都要被处死,这是皋陶的法律。可见,夏朝时就已有了上述三种罪名。皋陶,是舜禹时的司法官,被看作是中国古代制定法律的创始人。

刑名。主要刑名称为"五刑",即大辟、劓、宫、膑(刖、剕)、墨。大辟是杀头,劓是割鼻子,宫是毁坏生殖器官,膑是凿去膝盖骨(刖是断足,剕是斩脚趾),墨是割破面部,在伤口处涂上墨,令其变色,伤愈后留下深色伤疤。

刑罚适用原则。夏朝随着统治经验的积累形成了一些初步的刑罚适用原则。例如,"与其杀不辜,宁失不经"。辜是罪,经是常法。意思是指:宁可

第三章 先秦时期的法律

不按常法办事,也不能错杀无罪的人。"罚弗及嗣……宥过无大,刑故无小……罪疑惟轻。"所谓"罚弗及嗣"是指施用刑罚仅限于本人,不株连子孙;"宥过无大"指过失犯罪虽然后果较为严重,但可从宽;"刑故无小"指故意犯罪虽然轻微,也要从严;"罪疑惟轻"是指犯罪情节有可疑之处的,即使处刑也要从轻。

商朝是奴隶制社会的发展时期。商代的法律制度,在夏代《禹刑》的基础上,有了进一步的发展。"商有乱政,而作汤刑",《汤刑》是商代的主要法律,也是商代法律的总称。以汤为名,与《禹刑》以禹为名一样,是为了表示对商代开国君王成汤的崇敬和怀念。

殷墟青铜方鼎

商朝基本沿用了夏朝的刑名,即夏五刑,大辟、劓、宫、刖、墨。但到了商朝末期,国王纣暴虐无道,增加了一些残酷的刑罚手段,如"族诛",即一人犯了罪,他的父母、妻子、儿女及其他亲属都要受到株连,一起被杀死;"醢",即将人捣成肉泥,如夏朝老臣九侯和鄂侯,因实在看不惯纣的荒淫残暴,就大胆规劝纣,纣不仅不听,反而将他们杀死,杀后仍不解恨,又命人将他们剁成肉泥;"剖心",即剖开胸膛取出心脏,纣的叔父比干因进言劝告纣,惹怒了纣,纣命人将其心挖出来;"炮烙之法",即在烧热的铜柱上泼油,让受刑人在上面行走而掉到火里。纣的残暴无道是商朝灭亡的主要原因之一。

商朝设置了专门处罚官吏行为不端的"官刑",规定了"三风十愆"的罪名。如无节制地歌舞、贪财好色、不听忠言、亲近小人等,都属"三风十愆"。如果卿士之官触犯其中之一的,即取消他贵族高官的特权地位;如果君王有这些行为,大臣不去匡正也要受到墨刑的惩罚。

在婚姻关系上,实行一夫一妻制,但允许纳妾。纳妾的办法之一是媵嫁制度,即皇帝或贵族娶亲时其他人送妾随嫁的制度。如商王帝乙嫁女儿给西伯昌为后时,就同时有妾随嫁。媵的地位比一般的妾高,也叫"贵妾"。

周原是商朝的西北方属国。公元前11世纪,商王朝内部发生动乱,周武王乘机率兵推翻了商朝,建都镐京(今西安附近),从此时起至公元前770年周幽王被杀、周平王东迁洛邑止,历时11代250多年,历史上称为"西周"。周平王东迁国都以后的五朝称为"东周"。西周是中国奴隶制发展的全盛时期,也是奴隶制法律发展的高峰。它的许多法律规定和法律原则都传至后世。

周初主要的法律,有《九刑》和《吕刑》。此外,周王发布的诰(关于施政的指示和命令)、誓(军令)和命(命令)具有最高的法律效力,也是法律的重要形式。例如,周武王讨伐纣时,在孟津渡河、牧野作战时都发了誓,宣布了纣的暴逆无道,列数其罪状,这些罪状就成了罪名。

西周的罪名主要有:侵犯王权罪,暴乱罪,违反宗法伦理关系的不孝罪、不悌罪、不敬祖宗罪、杀人罪、杀人劫财罪、盗窃罪、诱拐奴隶罪、聚众饮酒罪等。

西周的刑名主要就是《九刑》中的九种刑罚手段,即在墨、劓、刖、宫、大辟之外加上流、赎、鞭、朴。流即流放,赎是用铜赎罪,鞭是鞭打,朴是打板子。前五种刑叫《正刑》。此外,《吕刑》对赎刑制度作了更具体的规定:五刑之中有疑问者,均可以赎罪。赎刑制度建立的直接目的,是为统治者收敛财富,但客观上,它给中国古代刑罚制度增加了新的内容。

周初以周公为首的统治者实行礼治,提出了"明德慎罚"的法律指导思想。"明德"意思是发扬德行,崇尚德教;"慎罚"意思是用刑要谨慎宽缓,不能滥用,不能无端加重。在这种法律思想的指导下,西周形成了一套断罪量刑的原则。

"世轻世重"原则,即根据各个地区的具体形势和社会的稳定情况,采取轻重不同的刑罚。例如,治理刚刚建立起来的国家,处罚要从轻;治理稳定发展的国家,适用一般的法律;治理乱国,则要用重典。

周文王雕像

区分故意犯罪和过失犯罪以及惯犯和偶犯。故意犯罪和惯犯虽是小罪也要处以重刑；过失犯罪和偶犯虽有大罪亦可减刑。

反对实行株连的族刑，提出了父子兄弟罪不相及原则，即一人犯罪，只由本人承担责任，遭受惩罚，不能牵连父亲、儿子或兄弟。

罪疑从赦，对于有疑问的、证据不是很确凿的犯罪行为，对罪犯的处罚要从轻或者免除。

上下比罪，即类推，如果一项犯罪行为，法律没有明确规定的，则比照法律其他相类似的规定处理。

春秋战国时期的法规

自公元前770年周平王迁都洛阳，直到公元前476年战国开始，这300年，历史上称为"春秋"。春秋时期是奴隶制向封建制过渡的社会大变动时期，也是法律制度发展的重要时期。

春秋时期，铁制生产工具和牛耕在社会生产领域得到了广泛应用，社会生产力水平提高到了一个新的阶段，由此带动了政治、经济关系的变化。首先，铁制生产工具和牛耕的使用，使大片的荒田得到开垦，出现了私田。公元前645年，鲁国实行"初税亩"制度，对私田与原有的公田（天子分封的土地）一律按亩数征税，这意味着国家对土地私有的正式承认。此后，土地私有制在各国陆续确立。其次，生产力的发展，壮大了各地的地方诸侯势力，周王室渐渐失去了控制各地诸侯的力量，大权旁落，于是各诸侯相互兼并，一时间，天下大乱，"礼崩乐坏"。在战争中，逐渐形成了郑、齐、晋、秦等国争霸鼎立的局面。

经济基础的变革，带动了社会阶级关系的变化，新兴的地主阶级开始登上历史舞台。为了维护其政治、经济利益，保护私有财产不受侵犯，取缔奴隶主阶级垄断法律、随意置人以罪的特权，新兴地主阶级必然要求制定和公布成文法。郑国最先做出行动，晋国紧随其后。

公元前536年，郑国著名政治家、改革家子产把当时所使用的刑书内容铸在鼎上，最先公布了成文法，史称"铸刑书"。过了30年后，郑国大夫邓析根据社会的变化，自行修订了郑国的法律，并将其写在竹简上使用，史称"制竹刑"。公元前513年，晋国大夫赵鞅和荀寅领兵驻在汝水边上时，征集

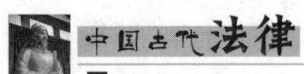

了五百斤左右的铁，把从前该国范宣子所著的刑书也铸在鼎上，史称"铸刑鼎"。此后，其他各国纷纷效仿，相继制定和公布成文法。

围绕着铸刑书等公布成文法的活动，社会上各种新旧势力之间产生了激烈争论。如郑国子产铸刑书后，晋国的贵族叔向便写信给子产表示反对。他认为，贵族垄断法律的旧传统、旧制度是不能改变的，如果公布了成文法，老百姓知道了什么是有罪，便会对上面不恭敬，产生争夺之心，还会引用刑法为根据，求得侥幸成功，这样，要统治老百姓就很难了。子产复信给叔向，拒绝接受他的意见。

晋国赵鞅等人铸刑鼎时也遭到了反对，孔子就是反对者之一。他认为，贵贱等级制度不能乱，这是法度，铸刑鼎、公布刑书就丧失了法度。大家都依照法律，贵贱没有了区别，国家还怎么统治？在孔子看来，成文法的公布，打破了"礼不下庶人，刑不上大夫"的等级秩序，实在是"无度"。

总之，公布刑书的人，是要通过公布刑书使"民有争心"，来打破奴隶主贵族垄断司法、任意刑杀的权力，而反对公布刑书的人就是要不使"民有争

春秋时期的先进农具

心",继续维护其统治权。围绕着公布成文法而展开的论争,反映了新兴地主阶级与旧贵族之间争夺统治权的斗争,也是日后法家的"法治"与儒家的"礼治"争论的开端。

公元前475年到公元前221年,历经250多年,史称"战国"。战国时期,经过春秋兼并,原来的一百多个诸侯国只剩下二十多国,并形成了秦、齐、楚、魏、赵、韩、燕七个大国争雄的局面。七国都企图以武力消灭他国,统一全国。它们对内实行改革,对外连年用兵。激烈而频繁的战争构成了这一时期的主要特点。变法图强,制定公布成文法规是这一时期法律制度的核心内容。

战国是奴隶制瓦解、封建制全面确立的时期,封建生产关系已在各诸侯国占统治地位,新兴地主阶级先后在政治上取得优势。战国的法律制度,继续了春秋末期公布成文法的历史潮流,各诸侯国相继变法,制定并公布了成文法规。如韩国制定了《刑符》、楚国制定了《仆区法》等,其中以李悝制定的《法经》影响最为深远。

知识链接

妇女的贞洁与法律

虽然法律一般不明文禁止普通百姓之家寡妇改嫁之事,但对那些受传统文化熏陶和毒害的丧夫之妇而言,其自身心理上的障碍也是非常巨大的,《明史·列女传》中有两个例子颇能说明问题。一是孙义妇的丈夫死后,其抚养一子,子成婚后三年即亡,留下姑妇及二幼子相依为命,尚书寨义见状问曰:"为何不嫁?"对曰:"饿死事小,失节事大。"寨义感叹良久。二是有张维者,娶妇后即卒,其妇誓不再嫁,舅姑慰之曰:"吾二人累逼矣,尔年尚远,何以为活?"妇曰:"耻辱事重,饿死甘之!"由此可见,朱程理学之毒可谓深矣。

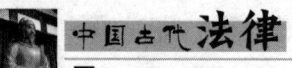

第二节
先秦时期的法制人物与专著

中国最早公布的法律

现在，我们想看法律的具体条文，了解国家对相关问题是如何规定的，可以去书店买一本精装价廉的法条或者在网上轻而易举地搜索到相关法律的具体条文，我们想了解法律的途径不胜枚举。

可是在两千多年以前的中国，这是无法想象的，因为当时的法律秘而不宣，是不向平民百姓公开的。

古代国家在未有法典之前，大都经历过一个秘密法的时期。上层贵族社会认为刑律越隐蔽越好，绝不能让国人知道，这样才有利于贵族随意处置老百姓，增加专制的恐怖性和神秘性。

在我国春秋时期以前，夏、商与西周的法，是一种完全依附于"礼"的法。奴隶主贵族进行判断的时候，往往会标榜自己是遵从"礼"的原则，自己是以礼治国、依礼治国。"礼不下庶人"，所以老百姓们犯什么法都任由贵族官僚们处置。更何况他们自己都不知道自己犯了什么法，稀里糊涂的，任由贵族官僚们摆布了。

但是，这一情况在春秋时期发生了变化，公元前536年三月，郑国执政子产将郑国的法律条文铸在象征诸侯权位的金属鼎上，向全国公布，史称"铸刑书"。

子产，即公孙侨，字子产，又字子美，春秋时期郑国杰出的政治家。郑简公十二年（公元前554年）为卿，二十三年（公元前543年）子产执政郑国。

第三章　先秦时期的法律

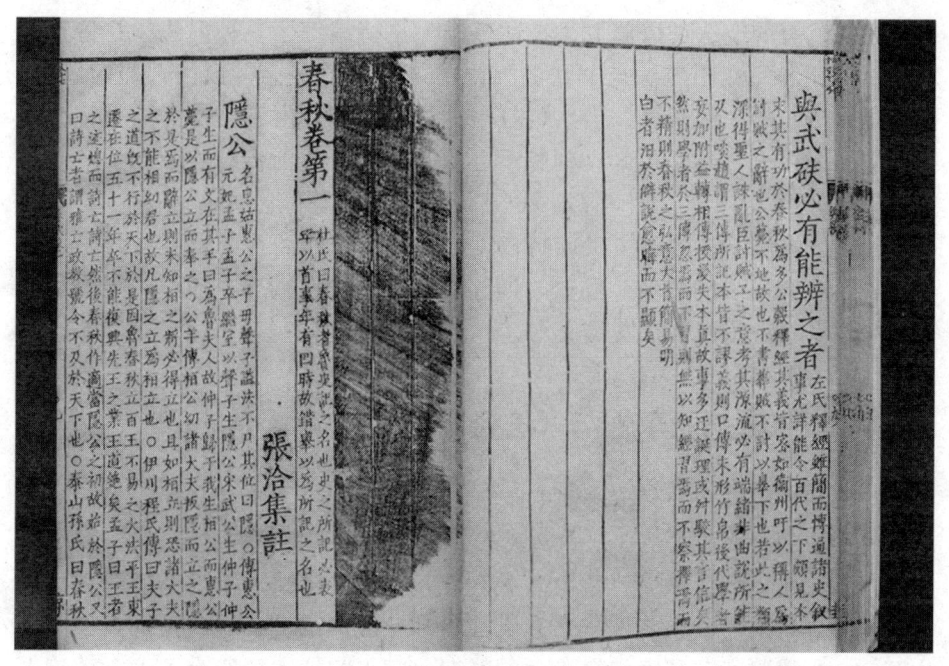

《春秋》书影

子产执政前，晋楚两强争霸，郑国身处两强之间，内部贵族矛盾重重，郑国贫弱而混乱。子产执政后，一方面，运用其政治智慧在列强之间穿梭外交；另一方面，开始在郑国内部变法图强，大力改革郑国的土地和税赋制度。规定城市和乡村各有一定的制度；贵族和平民各有不同的服色；废除土地定期分配使用的井田制，划清田地疆界，实行土地私有，挖好沟渠；把村组织编制起来；按土地面积免征首赋税等，史书称之"作封洫、作丘赋"。

子产执政后一年，刚开始时变法，阻力很大，社会上流传一首歌："硬逼我把好衣服收藏在家，硬把我的田地左编右查，谁要去杀子产啊，我一定参加！"执政三年后，社会上又流传一首歌："我家有子弟，子产来教育开导；我家有田地，子产使产量提高。要是子产去世了，谁能像他一样好？"子产执政共21年，郑国大治，国势由弱变强，国人称颂，诸侯皆服。

子产命令把郑国的法律条文铸到鼎上，公布于众，令国民周知这是国家常用的法律，其实也是对他从公元前543年以来所进行的诸项改革的总结。他通过法律的形式巩固自己改革取得的成果，向全社会公布，以后有人要推翻他的改革措施遇到的阻力将是空前的。

中国古代**法律**

ZHONG GUO GU DAI FA LV

他对已有的刑法加以修改，在此基础上主持编订了三种刑法，并将其公之于世，让老百姓明白法与非法的界限，知道犯了法会得到什么样的处罚，这无疑是进步的法制理念，当然也打击了贵族特权。由于子产铸刑书打破中国历史长期以来"刑不可知，则威不可测"的秘密政治传统，受到了一些贵族的猛烈抨击。

子产公布法律，限制了贵族特权，促进了农业和商业的发展，开启了中国古代公布成文法的先例。春秋时期，新的地主阶层兴起，各利益集团和社会阶层以及经济条件都在发生变化。

变法先驱李悝与《法经》

战国初期，魏国著名政治家李悝编纂的《法经》，是我国历史上第一部拥有完整系统的封建成文法典。自秦汉起，历代统治者都把它视为立法的样板，李悝也被尊崇为封建律法的鼻祖。《法经》是李悝在魏国实行变法的直接成果，也是春秋末叶以来各国立法之大成。春秋战国之交，是腐朽的奴隶制土崩瓦解、封建制度在各国相继确立的时期。新兴的地主阶级为了确立政治上的统治地位和保护封建经济的发展，纷纷变革经济和政治法律制度，形成了

春秋时期的诸子著作

第三章 先秦时期的法律

一股公布成文法的历史潮流,如韩国的《刑符》、楚国的《宪令》、齐国的《七法》、赵国的《国律》等就在这一时期竞相问世。在魏国,魏文侯任用李悝(一说又称"李克")为相,实行变法。李悝的变法是各国变法的继续和发展,但又比其他国家更为彻底、更有成效。其变法的主要内容:一是推行"尽地力之教"和"善平籴"的经济政策,"尽地力之教"即充分利用地力提高生产水平,"善平籴"即稳定粮食价格,借以保障封建剥削,加强国家的物质基础;二是实行"食有劳而禄有功,使有能而赏必行,罚必当"(《说苑·政理》)的政治措施,以扫除奴隶制世卿世禄制残余,剥夺无功受禄的所谓"淫民"的特权,为地主阶级登上政治舞台、建立封建官僚制度开辟道路。李悝变法是魏国一次深刻的社会改革,在这场大变革中,统治者既需要凭借严厉的强制手段推进改革,又需要运用刑罚来巩固改革的成果。在这种形势下,李悝以各国的新法为思想素材,并结合魏国的实际情况加以创造,于是《法经》应运而生。

《法经》这部完整法典的原文已经散失,今天所能看到的片段出自三处:《晋书·刑法志》、《唐律疏义》和《七国考》(明代董说撰)所引桓谭所著《新论》的记载。三处的记述大体一致,以《七国考》为最详细。

《法经》共有六篇,也称"六法",即"盗法、贼法、囚法、捕法、杂法、具法"。《法经》以惩治盗、贼为中心,全律其他各篇也是围绕这个中心而编制和排列。盗主要指对私有财产的侵犯;贼指破坏政治秩序及危害人身的犯罪,包括杀、伤之类;有了盗、贼要捕捉、办罪,所以第三、第四篇是囚法和捕法;在这四篇之外,把其他破坏社会秩序的行为合为一篇杂法;最后一篇具法规定了刑罚加重减轻的内容。这六篇法律规定了有关犯罪、刑罚及刑罚的适用等,还包括了类似现代刑事诉讼的一些内容,形成了一个较完整的法典体系。

《法经》的特点有以下几点。

(1)维护和巩固新建立的封建统治。凡属于危害封建统治的盗玺、盗符、越城、非法群聚、议论国家法令等行为,不仅本人处死,有的还要牵连亲属,处以最重刑,以此确保集权统治和政策法令的贯彻。在封建社会中,以思想言辞致罪的始于《法经》。

(2)严惩侵犯财产权、人身权的犯罪。《法经》的立法宗旨是:"王者之政,莫急于盗贼。"因此,对危害国家安全、侵犯财产所有权、侵犯人身权的打击是法律的首要任务。

（3）贯穿了早期法家所主张的"不别亲疏、不殊贵贱、一断于法"的法治原则，反对奴隶主贵族的等级特权制度。主张打破礼和刑不可逾越的界限，规定太子犯法要受笞刑，丞相受贿左右伏诛，将军受贿本人处死。但与此同时，《法经》又正式确认了封建的等级制度，明确规定大夫之家如有诸侯享用的器物，便以逾制的罪名，判处最严重的族诛。

（4）体现了"重刑轻罪"的精神。李悝作为早期的法家代表人物，主张严刑酷法，即使对轻微的犯罪行为，也要处以严刑，其目的是为了阻止人们轻易犯法。例如，偷看皇宫的要把脚砍掉、路上拾取他人遗失物的要断脚趾等。

（5）规定了老幼减刑的制度。如十五岁以下未成年人犯罪的，罪重的减三等，罪轻的减一等；六十岁以上的老人无论犯大小罪，都可减刑。这个原则对后世也很有影响。

《法经》基本上是一部诸法合体、以刑为主的刑法和刑事诉讼法典。在当时的历史条件下，它对于废除旧的奴隶制政治法律制度和巩固新兴的封建制度，对于魏国的"富国强兵"都起了重大的作用。《法经》所确立的封建法制的基本原则和体系，对后世法制的发展、影响尤为巨大。公元前361年，商鞅就是带着《法经》到秦国进行变法的，只是改法为"律"。所以，《法经》是秦律的渊源，而秦律又是汉律的基本构成部分。可以说，整个封建社会的法律都是在《法经》六篇的基础上发展起来的。

商君虽死其法未变

商鞅（约公元前390—前338年）是战国中期一位著名的法家代表人物。他原是卫国人，姓公孙氏，名鞅，所以人们称他为"卫鞅"或"公孙鞅"。后来在秦国变法有功，受封商邑，号"商君"，因而历史上又称他为"商鞅"。"鞅少好刑名之学"（《史记·商君列传》），其政治法律主张见于后人辑录的《商君书》。

商鞅变法之前，秦国的封建经济虽然有所发展，但奴隶制残余仍严重存在。与中原大国比较，秦国在政治、经济上都远为落后，被各诸侯国视为"夷狄之邦"，连参加会盟的资格都没有，其贫弱情景可想而知。如不变法图强，则"非侵于诸侯，必劫于百姓"（《商君书·慎法》，以下引《商君书》只注篇名）。

秦孝公在内外压力下，下令求贤。公元前361年，商鞅携带李悝的《法经》到了秦国，深得秦孝公的信任，被封为"左庶长"（秦爵位共二十级，左庶长是第十级）。公元前359年，商鞅在秦第一次变法。新法在秦实行十年，大见成效。公元前352年，秦孝公封商鞅为"大良造"（爵位第十六级，相当于丞相兼将军）。公元前350年，商鞅又进行了第二次变法。商鞅在秦执政二十年，变法是他一生中最主要的政治实践。

商鞅两次变法的主要内容：一是废除奴隶制的"井田制"，奖励

战国商鞅青铜方升

开荒，承认土地私有，允许自由买卖，按土地多少抽税；二是废除奴隶主贵族的世卿世禄制度，建立地主阶级的等级制，实行军功爵，共分二十级，按等级不同分别占有土地、住宅、奴婢及享有车骑、衣服等，没有军功者虽富不能尊荣；三是废除奴隶制的分封制，普遍推行县制，全国设立三十一县，县令和县丞由国君任免；四是实行编户制和"连坐"法，凡境内居民重编户籍，以五家为"伍"，十家为"什"，互相监督，一家作奸犯法，别家必须告发，否则十家连坐受罚；五是奖励军功，禁止私斗，军民有功于国家者，依军功大小分别授予爵位、田宅，私斗者按情节轻重，受不同刑罚；六是崇本抑末，奖励耕织，凡是努力生产，给国家交纳粮食粟帛多的人，可以免除本身徭役，工商及游手贫民，连同妻子没入官府为奴隶；七是鼓励小农经济，凡户主有两个儿子以上者，到成人年龄必须分家独立谋生，否则加倍出赋税；八是制定秦律，按李悝《法经》制定秦国法律，颁行天下遵守；九是统一度量衡；十是烧诗书，禁游学，在思想文化领域内强化地主阶级专政。

商鞅变法是秦国以封建制全面取代奴隶制的转折点。在这场充满着新旧势力激烈搏斗的变革中，商鞅进一步发展了法家思想，提出了一套系统的"法治"理论，为新兴地主阶级提供了锐利的思想武器，为新法的推行开辟了道路。

商鞅法治学说的一个中心是"一任法治"。他把法看作治理国家的唯一手段、判定是非功罪的唯一准绳，"法令者，民之命也，为治之本也"（《定分》）。他主张国君"任法不任私"，因为近臣的私议，大都是反映旧贵族要求的，是法的大敌，所以"任私"就会造成国乱。他要求国君"任法不任贤"，认为如果任用"贤人"，国君就会受欺骗，就会使污吏有机可乘，使小人施其巧诈，导致法制的毁坏。因此，他坚决反对"举贤能"，强调"一任于法"。"法治"较之"人治"，更有利于巩固地主阶级政权，但商鞅把"任法"与"任贤"完全对立起来，过分地强调法而忽视人的作用，则是片面的。

商鞅指出，实行"一任法治"有其历史的必然性。他把"古之民"与"今之民"作了比较，"古之民朴以厚，今之民巧也伪"，"民愚，则知可以王；世知，则力可以王"（《开塞》）。意思是，古代人忠厚朴实，愚昧无知，凭着智慧可以统治天下，如今人民奸巧浮荡，靠智慧统治是不行了，必须用暴力进行统治。又说："民之性，饥而求食，劳而求佚（通逸），苦则索乐。辱则求荣，此民之情也……今夫盗贼上犯君上之所禁，而下失臣民之礼，故名辱而身危；犹不止者，利也。"（《算地》）在商鞅看来，人的本性是自私自利的，就像人饿了要求吃饭，疲劳了就要休息，痛苦时就寻找快乐，耻辱时追求荣誉一样，是人之常情。为了求名、求利，他们不顾名声和生命危险去触犯国家的制度和各项规定。因此，要统治住人民，就不能对他们讲什么礼义，而只能"一任于法"，用暴力进行镇压。可见，商鞅提倡"法治"的基本出发点，是为了更有效地实行对劳动人民的专政，维护新的封建剥削制度。

商鞅变法发生在封建社会的初期，虽然他的法治理论和变法措施有残酷镇压广大劳动人民的一面。但是，新法关于废除奴隶制、井田制、分封制、世卿世禄制和加强封建中央集权、奖励耕战等重大措施，在客观上是符合人民要求和顺应了社会发展规律的。经过变法，秦国加强了新型的地主政权，国家很快富强起来，一跃成为战国七雄中的最强一国。

在商鞅变法过程中，始终存在着变法与反变法的激烈斗争。商鞅以大无畏的气概，同旧奴隶主贵族和保守势力进行了坚决斗争，保证了新法的推行。

第三章　先秦时期的法律

然而，商鞅是一个剥削阶级政治家，他的变法走的是自上而下的变法路线，所以当公元前338年支持变法的秦孝公死后，旧贵族便起来对商鞅进行报复，诬告他企图谋反。新登基的秦惠王（太子驷）对商鞅也有怨恨之心，便借机逮捕商鞅，把他"车裂"示众，其全家也被杀。由于商鞅的新法已在秦国深深扎根，他死以后，商鞅的新法仍然相沿不断，为以后秦始皇统一中国奠定了基础。

为秦始皇所推崇的韩非

韩非（约公元前280—前233年）是先秦法家思想的集大成者。战国末期韩国人，出身于贵族世家，荀况的学生。他曾多次上书韩王，建议变法图强，均未被采纳。之后退而从事著书立说，作《孤愤》等十余万言。不久，这些文字传到秦国，秦王政（秦始皇）看后极为钦佩，感叹地说："寡人得见此人与之游，死不恨矣。"（《史记·韩非列传》）公元前233年，韩非出使秦国时被留，未及秦王信任，便为人所陷害，死在狱中。他的著述被后人收集在《韩非子》一书中，共五十五篇，从思想体系看，大部分出于韩非之手。

韩非在继承以往法家思想的基础上，总结了他们在政治实践中的经验教训，并进一步加以发展，形成了一套完整的"法、术、势"结合的法家思想体系，为秦建立统一的中央集权的封建专制主义制度提供了理论武器，对以后两千多年的中国政治产生了极其深刻的影响。

韩非站在新兴地主阶级的立场上，极力主张"废先王之教"（《韩非子·问田》，以下引《韩非子》只注篇名），"以法为教"（《五蠹》），即废除旧的奴隶制礼教，实行封建法治。韩非的法治思想，是以彻底否定礼治、专讲法治为特色的。他说："治民无常，唯治为法。"（《心度》）又说，"言行不轨于法令者必禁。"（《问

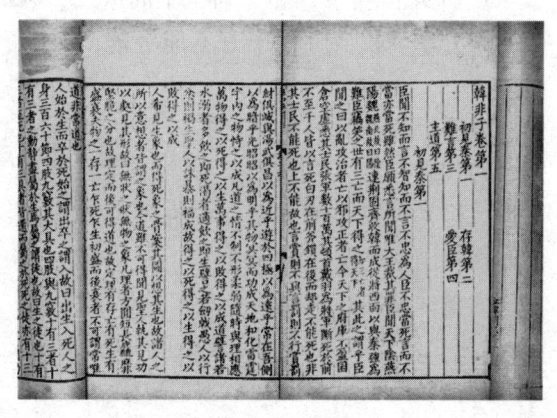

《韩非子》书影

辩》)。这就是说，治国治民只能用法治这一种手段，人们的言行，除法以外，不允许有任何标准。这种专任法治的思想，是以其历史进化观及其社会伦理思想为理论基础的。

韩非适应当时封建地主阶级即将取得统一政权的形势，提出了以法治为主的"法、术、势"结合的法律思想。这一思想，是韩非法治理论的核心。

法家思想在战国前期、中期的封建改革时期尚未统一。例如，商鞅重法，申不害重术，慎到重势。韩非"观往者得失之变"，总结了商鞅、申不害和慎到三家的思想，克服了他们学说中的片面性，提出了完整的法治理论。他指出：商鞅变法而成果却被篡夺，这是"徒法而无术"的结果；申不害"徒重术而无法"，致使前后法令不一，新法不能实行；慎到重势，法、术也不完善。为此，他主张"法、术、势"三者结合于一体使用。

韩非将"法、术、势"三者有机结合了起来，使封建中央集权的法治理论更为完善。他的这一学说在当时的历史条件下，有其一定的进步意义。但是，这种理论具有明显的阶级性，集中到一点，就是如何统治人民。随着封建制度的发展，韩非这种用赤裸裸暴力镇压人民的理论，其反动性就日益明显地暴露出来。

韩非法治理论较以往法家的思想而言，最突出的特点就是主张实行高度的君主集权，鼓吹君主绝对专制。他极力神化君主，说君主天生比别人高贵，因此天下必须由君主治理。他认为："能独断者，故可以为天下王。"(《外储说右上》)即做君主的只有独裁，才能治理国家。他竭力宣扬权势"不可以借人"(《内储说下》)和"君臣不同道"(《扬权》)的观点，说君主绝不可与任何人分享政权，大权千万不能旁落，而臣下的职责，就是俯首贴耳地为君主效命。

韩非提倡法治的重要目的，是要建立起"事在四方，要在中央；圣人执要，四方来效"(《扬权》)的封建中央集权国家。即事情虽然是分由各地方去办，但领导权必须掌握在中央手中，只有君主掌有领导权，各地方才能服从和执行国家的法令。

为了保证实行封建中央集权，韩非主张君主要时刻提防臣下篡权。他说："凡人主之国小家大，权轻而臣重者，可亡也。"(《亡征》)意思是，如果君权旁落，大臣权重，就有亡国的危险。又说，"人主之患在于信人，信人则制于人。"(《备内》)他把信任臣下视为君主最大的祸患，说这样就会被臣下所控制，招来亡国之祸。为了确保君主"独断"，他主张建立起严密统治人民的政治体系和官僚制度，要君主严密监视各级官吏，并通过各级官吏控制人民。他主张禁绝一切思想解放和文化教育："明主之国，无书简之文，以法为教，无先王之语，以吏为师。"（《五蠹》）即除了执行法律之外，不允许有任何与法令、"吏学"不同的思想存在。他还提出要广泛运用特务手段，"防奸""察奸""惩奸"，并奖励"告奸"。韩非的"法治"理论，是极端专制主义的独裁理论。

在战国末期群雄割据混战的历史环境下，韩非的"法治"思想，适应于当时建立统一的封建中央集权制国家的政治需要，因而曾经在历史上发挥过积极作用。但是，韩非作为一个剥削阶级的代表人物，他竭力为封建剥削辩护，主张对人民进行残暴镇压，他提倡的权术思想为一切剥削阶级代表人物争权夺利、玩弄阴谋诡计提供了理论根据。他看不到奴隶们创造历史的伟大作用，把社会发展看成"有圣人作"的结果，这是韩非思想学说中所表现的时代和阶级的局限性。

知识链接

嫡庶之分

古代宗法社会称正妻为"嫡"，正妻之子为"嫡子"。古人娶妾，对嫡子而言，妾也称"庶母"，《尔雅·释亲》："父之妾为庶母。"妾之子即为"庶子"。

千万不能小视这称呼上的一字之差，这一表面微小的差异却包含着极其深广的社会及法律内容。首先，嫡、庶是一种身份的标志，身份的不同决定了她们在家庭之中悬殊的地位；其次，嫡、庶之分也决定了各自权利、义务的划分，这种划分不仅关系到一个家庭内部的结构与秩序，同时也关系到以法律手段调整家庭各种关系的各个方面。

第三节
先秦时期的法律思想

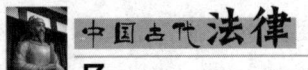

神权思想

神权观念是在原始社会图腾崇拜和祖先崇拜的基础上逐渐发展形成的，神权法时期则是各种文明在国家初建时必然要经历的一个历史阶段。神权法思想反映于法律方面一般具有这样几个特征：第一，神（或上天）是至高无上的统治者，而国王的统治权来源于神；第二，统治者所宣布的法律法令是神的意志的体现，有些甚至就是神的直接命令，因此，违背法令就是违背神意，为了顺应神意，必须严厉制裁违法者；第三，在司法审判活动中若遇有疑难问题，须通过特定程序，直接由神裁判。

神权法思想的产生有以下几个原因。第一，自然压迫的产物，由于生产力低下，人们认识自然的能力有限，对一些无法解释的自然现象充满敬畏，因而形成了原始宗教，认为冥冥之中有超自然力的存在，其不仅主宰着自然界中的一切，如日月星辰的运转、春夏秋冬的替换等，而且主宰着人类社会，如生老病死等。因此，可以说神权法是由于生产力低下所造成的人类对自然的一种曲解。第二，社会压迫的产物，国家形成后，人们对人类社会中的许多现象，如贫富的分化、剥削、战争、命运等亦无法解释，所以也只有将其归结为神的安排。第三，政治统治的需要，统治者为了解释政权的神圣和自己掌握政权的合理，便会借神权来强化王权。其实，神权法思想的出现与发展是历史发展的必然产物，在人类社会发展的初始阶段，"神"不仅是统治者维护自己统治的精神支柱，也是被统治者赖以生存的精神寄托。

我国古代的神权法思想缺乏完整的理论或宗教形态，神权法思想早在夏代已经产生。主要表现在祭祀方面，孔子就极力赞扬夏禹对鬼神的恭敬和对政事的勤勉："禹，吾无间然矣。菲饮食而致孝于鬼神；恶衣服而致美乎黻冕；卑宫室而尽力于沟洫。"意为：对夏禹我没有任何非议，他自己吃得很差却用丰盛的祭品祭祀鬼神；自己平时穿得很差，祭神的服装却很精美；住得很差，却尽力兴修水利。从考古发掘的资料看，夏代的祭祀已具有了相当的规模。

商代对鬼神的崇拜可以说达到了极致。甲骨文中有相当一部分为商代占卜时的记录，故甲骨文又有卜辞之称。商代的祭祀无论是规模，还是所用的礼器与仪式都比夏代要复杂得多。无论是从考古发现的墓葬、祭祀坑来看，还是从文献记载来看，敬"上帝"（天）、敬"鬼神"（祖先）是商代政治中最重要的事。恭敬鬼神但并不以鬼神的意志过分地干预人事，通达人情而质朴憨厚。对官员以奖赏为主，责罚为辅；对人民以鼓励为主，刑罚为辅。夏代的政治充满人情而缺乏威严，在衰败之时，人民就会变得愚笨、放肆、野蛮。而商代的政治是推崇鬼神，而且率领着百姓侍奉神灵。商代政治以祭祀鬼神为重而以教化百姓为辅，以刑罚为主而以奖励为辅。所以商代的统治具有威严而缺少人情，在衰败之时，人民就会变得放荡、无羞耻之心。从这段记述中，我们可以看出夏至商的神法权思想由"事鬼神而远之"到"率民以事神，先鬼而后礼"的发展。

从现有的资料中，我们可以归纳出夏商神权法的思想主要有"受命于天""天降典刑"与"恭行天罚"、神判两方面的内容。

所谓"受命于天"就是统治者宣称自己是受上天的委托统治人间的。在人间，统治者就是上天的代言人。先民笃信上天，不仅认为天具无比的威力，不可违背，而且认为天公正无私，不可怀疑。谁若得到上天的庇护与赏识，

北京故宫雍正帝龙袍

谁就是理所当然的统治者，夏商统治者宣扬自己"服天命"或"受天命"，便是"受命于天"的典型反映。因为"受天命"，所以王权便也有了神性，成为不可违背和不可怀疑的。

商代统治者"受命于天"的思想表现在两个方面。第一，宣称本部族的血缘为人间至尊，本部族与上天有着密切的血缘关系，商人在叙述自己的历史时，自豪地说："天命玄鸟，降而生商。"第二，神化自己的祖先、宣扬自己故去的祖先已成为上天的好友，常伴随于上天的左右。甲骨卜辞中常常出现商人祖先"宾于帝"，即到上天那去做客的记录。于是商人通过祭祀祖先便可达到垄断上天的权力。"受命于天"为商的统治从血缘上找到了依据，也为商人垄断上天、永得上天庇护找到了借口。

"天降典刑"与"受命于天"相辅相成。统治者为了加强王权，不仅宣扬自己的统治权来源于上天，而且宣称统治者所制定的一切制度——当然包括法律制度也是上天所赐。典刑，意为典章法度。《史记·宋世家》记周武王向商遗民箕子请教为政之道，箕子以"夏政"陈于武王，于是有《洪范》，洪意为"大"，范意为"法"。箕子向周武王呈献的"夏政"有三点值得我们注意：其一，《洪范》这部大法非人所制定，乃上天所赐，夏禹是《洪范》的执行者，"天乃锡禹洪范九畴"；其二，天对背"天法"者能给予处罚，禹之父鲧不明大法，"帝（上天）乃震怒"，"殛死"鲧；其三，《洪范》以自然界的演化规则为法，天意与自然法则的结合，正是中国古代神权法思想的特点，即宗教意义的"天"与哲学意义的"天"相互结合而构成"上天"的概念。法律是上天所赐，也是自然的启发。大到治理国家的典章法度，小到王的一个举措，无不是天降之"典"，臣民百姓只有顺从的义务。

"恭行天罚"或称为"代天行罚"，主要指夏商统治者借天意对不服从自己统治的敌对势力进行的惩罚，"天罚"一般都是通过征讨来实现。夏启为王，有扈氏不服。夏启便作"誓"，对将前往征讨有扈氏的军队说："有扈氏威侮五行，怠弃三正，天用剿绝其命，今予维共行天之罚。"意为有扈氏犯有"威侮五行，怠弃三正"之罪，上天命讨伐消灭他，现在我只有听从天意，去征讨有扈氏。夏商时的征讨无不是借"恭行天罚"的名义进行的。如商汤伐夏时亦言："有夏多罪，天命殛之。"这无疑加强了法令的神圣与威严，使法令成为维护王权的有力工具。

礼治思想

礼治思想是与神权法思想并行的维护夏、商、西周统治者统治的另一精神支柱，在夏、商、西周社会中，法律思想被融于神权法思想与礼治思想之中，密不可分。神权与礼治思想在发展中互为消长，夏、商之时，神权思想占据主导地位，统治者所制定的一切规章制度，天子的言行都被看作是神意的产物，是神圣不可违背的。礼治思想在夏商时期尚不十分发达，它是作为神权的辅助思想而存在的。礼治的作用在于通过祭祀加强神权（实质上是王权）的威严，并团结具有相同血统的部族成员，共同对付外族。周亡商后，礼治思想因宗法制的完善而发达起来。礼治思想容纳了亲亲、尊尊、孝、忠、德、教化、刑罚等多方面的内容，它既是道德的戒律，又是法律的规范，同时也是统治者治国的手段，神权法思想反过来成为礼治思想的辅助，用抽象的天意、论证礼治的合理性，将礼治塑造为"天经地义"的、符合天道神意的思想。总之，神权法思想兴于夏商而在西周得到补充发展，礼治思想则是于夏具备雏形、于商进一步发展、于西周达到鼎盛。

礼，是原始社会末期血缘氏族制的产物，它的出现早于宗法制度。原始社会末期的礼有两项主要的内容：一是祭祀，《说文解字》言，"礼，履也，所以事神致福也"；二是通过祭祀而产生的氏族内部的行为规范，合乎规范便为有礼，违犯者则为无礼。由此可见，礼在产生时有两个特点：一是与祭礼相联系，以血缘为基础；二是不带有普遍性，各氏族有各氏族的规范，即有不同的礼。

国家建立后，由于氏族血缘传统的大量保留，礼也被保留下来，经过更新后保留下来的礼成为约束人们言行的规范，并发展成具有普遍意义的"礼制"。礼制的主要作用有二：一是维护宗法等级，规定不同血缘的人具有不同的身份和地位，即"礼者为异"；二是利用血缘纽带，团结族人。

西周的"礼治"兼采夏、商的内容，既强调具有宗族血缘关系的人要互相友爱，尤其是子女必须孝顺自己的父母，这就是所谓的"亲亲"；同时也要求民必须敬官，下级必须尊敬上级，天子具有人间最高的权威。这就是所谓的"尊尊"。而在宗法制下，"亲亲"与"尊尊"是统一的，人民，尤其是统治者孝敬了自己的长者，也就是尊敬了上级。如诸侯或为天子之弟，或为天子之子,诸侯孝顺了天子,从宗法伦理上讲是子孝父、弟恭兄;从国家制度上说则是下级服从上级。诸侯与卿大夫、卿大夫与士同样是如此的关系,所以说在西周宗法制度下,尽孝即为尽忠。

综上所述,我们应该给"礼治"下一个较为恰当的定义:"礼治"是后人总结的西周统治者的一种治国方式,于夏商时已具雏形,至西周时完善。"礼治"以宗法制为基础,以礼制为表现形式,以"德"为核心。"礼治"在西周的基本内容是将孝、忠视为治国之本,以确保礼制的推行;"礼治"的特征是体现等级制的精神。

如同礼制是法律与道德规范的统一体一样,礼治思想体系也是法律思想与道德观念的统一体。在西周,礼治思想也包含了立法、执法的指导思想。

孔子塑像

在西周礼制中,始终贯穿了这样几个原则,即《礼记·大传》中所总结的"亲亲也,尊尊也,长长也,男女有别"。正是礼制的这几个原则,产生出西周礼治思想的主要内容,即孝、忠、节、义。

《礼记·礼运》中将礼治思想的内容按人们在宗族、社会、家庭、国家中所具有的不同地位作了更具体的表述:"父慈子孝,兄良弟悌,夫义妇听,长惠幼顺,君仁臣忠。"由此我们可以体会到礼治思想的核心确实是"德"。这一思想反映于法律上,便是将道德的规范变成了法律的禁令,不孝不友被视为最大的犯罪,《孝经·五刑》记:"五刑之属三千,罪莫大于不孝。"礼制确定了每个人的身份等级,而礼治思想的特征正是强调这种等级的差异不可改变,天经地义,这就是"天有十日,人有十等"。礼与刑的适用也因等级的不同而不同,即"礼不下庶人,刑不上大夫"。"礼不下庶人,刑不上大夫"不仅体现了礼治的特征,而且是指导西周立法、司法的重要原则。由此可以看出西周的法律是一种公开的、不平等的特权法。贵族不仅在立法上享有特权，诸如"八议"之类，而且在司法中也享有变通减免之权。

夏、商、西周的法律思想是中国古代法律思想发展的开端，这一时期的法律思想，尤其是西周时的法律思想已经显示了中国古代法律的独特性。如强调道德与法律的统一，强调忠、孝、节、义等观念对立法、司法的指导作用。

孔子的法律思想

儒家是春秋战国时期的四大思想流派之一，也是当时"百家争鸣"中最早形成的一个最大学派。其创始人为孔丘，战国中期的孟轲和战国末期的荀况也是儒家的主要代表。他们对孔丘的思想发展都有过重大贡献。孟轲的思想体系基本上仍是孔丘的体系，是孔丘的忠实继承者。因此，人们往往把孔孟并提而有"孔孟之道"的称谓。荀况对孔丘思想的发展更大，且有部分质变。他实际上是儒法合流、礼法统一的先行者。

儒家的法律思想和他们的政治思想一样，基本上继承和发展了西周以来的礼治和周公"明德慎罚"的思想，提出了一系列维护礼治、提倡德治、重视人治的法律观点，对秦汉以后的封建社会影响很大。

孔丘（公元前551—前479年），字仲尼，世称"孔子"。他是春秋末期鲁国陬邑（今山东曲阜）人，出身于没落贵族家庭。孔丘幼年丧父，生活贫困，大约在20岁以后，做过管理仓库和看管牛羊的小吏。中年时期，孔丘的学识已经相当渊博，便聚徒讲学，并创立了儒家学派。他在51岁时当了鲁国地方官中都宰，后任司寇，但为时不长便被迫辞职。之后，孔丘率领弟子周游列国14年，都没有实现他的政治主张。晚年回到鲁国，专心从事教育和古籍整理。他的弟子和再传弟子将其生前言论，编为《论语》一书。孔丘是我国古代儒家学派的创始人，他和他所创立的儒家学说对后世的影响极为深远，历代封建统治者几乎无不奉他为"圣人"。

孔丘学说的核心是"仁"，他的法律思想与其"仁"的学说紧密相关。所谓仁，是指人与人之间要彼此相爱。彼此相爱的原则体现在父子和兄弟关系上，就是父慈、子孝、兄友、弟恭；体现在君臣关系上，就是君王要礼待臣子，臣子要忠于君王。

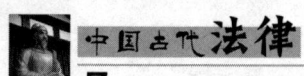

从仁的思想出发，在法律方面，他继承和发展了周公的礼治和"明德慎罚"思想，继续维护"亲亲""尊尊"的宗法等级原则。他宣传德治，重视道德感化作用和统治者个人以身作则的表率作用，相对轻视法律及其强制作用。

1. 礼治

从仁的思想出发，孔丘把礼治作为治理国家的基本原则，提出要以礼来指导刑罚的运用。为了维护礼治，孔丘主张：

（1）要治理国家必须先"正名"。所谓"正名"，就是以礼为尺度，把因社会变动而破坏了的名分匡正过来，纠正当时各种违反"君君、臣臣、父父、子子"等级名分的混乱现象。他认为，名不正则言不顺，言不顺则事不成，国家的礼乐制度就兴办不起来，刑罚施行起来也就不会得当。他还认为，只有把立法权集中在天子手中，才能天下有道，刑罚适中。

（2）把孝道伦理在法律上固定下来。孔丘对周礼中孝的思想作了补充和发展。他认为，孝道之兴，可以修身、齐家、安天下，起到预防犯罪的作用。在民事方面，他提出卑幼无财产权；在刑事犯罪方面，他认为卑幼可以为尊亲属复仇，主张"父为子隐，子为父隐"。楚国叶地的叶公告诉孔子："我家乡有个正直坦率的人。他的父亲偷了别人的羊，而这个做儿子的去告发了父亲。"孔子说："我家乡正直坦率的人却与此不同，父亲为儿子隐瞒过错，儿子为父亲隐瞒过错——正直坦率的精神就体现在这相互隐瞒之中。"他认为，父亲包庇儿子或儿子包庇父亲是合乎道德的，可以不受法律追究。这正是后来形成允许亲亲相隐制度的思想基础。

（3）反对"铸刑鼎"。孔丘反对公元前513年晋国把含有限制贵族特权内容的成文法铸在鼎上予以公布的做法，他认为，这样做，老百姓都知道法律，势必会导致贵贱无序的局面。

2. 德治

孔丘思想的显著特征之一，就是针对当时社会的大动荡，极力宣扬德治，力求发挥道德感化作用来缓和各种社会矛盾，达到"以德去刑"。他虽然没有全盘否定刑、法的作用，但认为远不如德、礼优越，从而为儒、法两家的德治与法治之争拉开了序幕。

孔丘的德治思想体现在法律上，主要包括以下三个方面。

（1）强调道德感化作用。他说，统治者用命令和刑罚手段治理人民，虽可以使人们不敢犯罪，但并不能使人们懂得犯罪可耻。如果用道德去感化并加强礼教，老百姓就会感到犯罪可耻而人心归服。他虽然不反对在教化无效时可施以暴力，使用刑罚，但在一般情况下，他总是强调德化的一面。

（2）突破"礼不下庶人"的传统，提倡普遍教化。他主张不分贫富、贵贱和族类，都应该进行礼教，对庶民也不例外。这是他对周礼的重大修正，突破了"礼不下庶人"的旧传统。

（3）适用刑罚要宽猛并济。孔子很赞赏郑国的子产。子产死后其接替者子大叔继续推行宽大政策，结果，国家强盗很多，子大叔就派兵讨伐，大肆杀戮。孔丘称赞说："国家政策法律宽松，老百姓就怠慢，怠慢就要用严厉的手段纠正它；手段严厉百姓就容易伤残，伤残就用宽大政策对待他们。用宽大来调节严厉，用严厉来调节宽大，国家政事才能协和。"

3. 人治

在治国问题上，孔丘还很重视统治者个人以身作则的表率作用，他多次指出，统治者必须先正其身，才能正他人。他说："政字的意思就是端正。君主带头端正自己，谁敢不端正呢？"他提出了"为政在人"的"人治"观点。后来，儒、法两家的人治、法治之争，像德、刑之争一样，也是从他这里开始的。

孔丘的法律思想，经过战国时期孟轲、荀况尤其是西汉董仲舒等儒家的继承、发展和改造，终于变成了后来封建正统法律思想的核心，长期影响着封建社会的立法和司法活动。

道家的法律思想

道家是春秋战国时期的又一大主要思想流派，以老聃（约公元前580—前500年）和庄周（约公元前369—前286年）为主要代表。老聃世称"老子"，与孔丘同时，楚国人，曾做过小吏，后成隐士。庄周约与孟轲同时，宋国人，在家乡时也做过小吏，后也隐居。老子与庄子之间的关系和孔丘与孟轲相

孔子问道老子雕塑

类似。

道家在法律思想上崇尚自然法，认为道是万物之宗，是支配一切的主宰，要求统治者也应当以自然为法，实行"无为而治"。他们反对一切违反自然的人定法，并把矛头指向当时儒家所维护的礼和法家所倡导的法。成书于战国初期的《老子》和战国中、后期的《庄子》，是道家的代表作，分别体现了道家思想发展的两个阶段。

1.《老子》的法律思想

《老子》是道家第一部经典，包含了老子的思想，因其以《道经》为上篇，《德经》为下篇，故又称《道德经》。《老子》书中涉及具体法律观点的地方虽然不多，但法律哲学比较丰富，是其以道为核心的整个哲学体系的重要组成部分。

第三章 先秦时期的法律

老子雕塑

(1) 崇尚"无为而治"。

在中国法律思想史上,老子第一个提出了自然法的观点。他认为统治者只有顺应自然、按照自然法则办事,才符合道的精神。道之所以能生养和主宰万物,并不是它对万物有所作为或横加干涉,而是让万物自然而然地生长变化。统治者要想保持自己的统治,也必须"惟道是从",而不能背道而驰。

老子认为最理想的治国方法,就是"无为",一切听任自然法则的支配。国家政治无为自然,国民品性就纯厚朴素;国家政治明察严明,国民品性就奸诈狡猾。他把这种自然法则叫作"天道",认为"天道"的基本特征是"损有余而补不足",对立的双方一旦发生斗争,柔弱的一方必然战胜刚强的一方。所以,统治者要想维护其统治,就应使自己经常处于柔弱的地位,并尽可能避免斗争,特别是不要主动去挑起斗争。这样,就可以退为进,统治天下。

(2) 鄙薄"有为"的人定法,抨击礼治、法治。

老子认为,当时统治者的所作所为是奉行与"天道"相反的"人道",只知加重对人民的压榨,这必然招致人民的反抗。他对统治者奉行"人道",

力图用仁义道德、礼法刑政等手段维护统治，进行了驳斥。

老子反对过重的剥削和压迫，提出清静无为的主张，于战国中、后期曾与法家的某些观点相结合，形成了黄老学派，并在汉初和唐初起过安定社会的良好作用。但老子从埋怨当权者不懂得维护自己的统治的角度出发，提倡复古倒退，以致发展到否定法律、道德的作用，是当时没落贵族思想感情的流露。

2.《庄子》的法律思想

庄子的基本思想内容体现在《庄子》一书中，其法律思想的基本特征，主要表现为法律虚无主义。

（1）主张绝对无为，否定一切文化和法律道德。

庄子进一步从消极方面发展了老子的思想。他也把道看成是天地万物的本源，强调脱离物质、高于物质的道的精神性。他激烈反对其他各家的有为政治，批评墨家"兼爱""节俭"的主张是扰乱世道的，批评儒家、法家的主张最不符合道的精神。庄子继承了老子的无为思想，而且发展得更为绝对。庄子认为，只有未经人工改造的自然事物才有价值，而社会文化的发展都是对自然的破坏。因此，他不满足于老子"小国寡民"的理想，而要求回到人与物无别的"浑沌"时代。为此，庄子主张取消一切制度、规范和文化，这实际上就是对整个人类文化的否定。

（2）追求不受任何纪律约束的绝对自由。

庄子认为，对于世间的生死、存亡、穷达、富贵、毁誉等，人自己根本无法掌握，只能听天由命，从而陷入了宿命论。但他又极端不满现实，愤世嫉俗，不愿受仁义道德、礼法刑政的羁绊，只好从精神上追求自我解脱。其办法就是像道一样，超然物外，把人生看成是一场大梦，物我两忘。他认为，这样就可与道同体，获得不受任何约束和限制的绝对自由。因此，他完全否定事物的质的规定性和事物之间的差别，也不承认有判断是非、功罪等的客观标准。这也是他否定法律、道德的另一重要理由。

（3）主张取消一切仁义道德和法律制度。

庄子从相对主义出发，对当时的仁义道德和法律制度进行了抨击。他说："那些偷窃衣带钩一类小东西的人被杀了头，盗窃国家政权的人反而成了诸侯，而窃国诸侯的门内，又有仁义在其中。这不是将仁义圣智都偷走了吗？"

他认为法律、道德对这些窃国者起不了制裁作用,反而会成为被他们利用的工具。他说:"即使是想推崇圣人之法来治理天下,而推崇圣人之法的结果反而让大盗们得到了厚利。圣人们为社会创制了斗斛来量东西,盗贼们就连同斗斛一起偷走;圣人们为社会创制了衡器来称东西,盗贼们就连同衡器一起偷走;圣人们为社会创制了符玺来取信用,盗贼们就连符玺一起偷走;圣人们为社会创制了仁义来纠偏,盗贼们就连同仁义一起偷走。"所以,他要求将仁义道德和法律制度等,通通予以取消。

《庄子》一书中所反映的主要是没落贵族的悲观绝望和不与统治者合作的情绪,因而容易引起后世不当权的士大夫和失意政客的共鸣。庄子对当时礼法刑政的评价,虽有助于加深对剥削阶级法制的认识,但他所鼓吹的法律虚无主义思想,对法律思想的发展并无益处。

知识链接

周公的法制主张

周公,也就是姬旦,也称作"叔旦",是周文王的儿子、武王的弟弟,此外,他也是西周初年著名的政治家、思想家。因为他的封地在周(今陕西岐山东北),所以又称他为"周公"或"周公旦"。周公是西周礼治思想的奠基人,由他确立的"亲亲""尊尊"的立法原则,提出的"明德慎罚"的法律思想,对当时以及后世的法律制度产生了非常重要的作用。

武王消灭掉商朝之后,以周公为代表的西周权贵,吸取夏末尤其是商末对人民过于残暴而被推翻的教训,认识到仅仅倚仗神权与暴力不能够维系统治,必须照顾到人事,推行道德教化。所以周公提出了"以德配天"的君权神授说,并将注意力转向缓和各种社会阶级矛盾,提出"明德慎罚"的法律主张。他强调不但要加强统治集团内部的团结,而且对包括商朝遗民在内的被统治者必须"慎罚",禁止滥杀无辜。这样的先进思想在当时世界刑法史上也是极为罕见的。

第四章

秦汉时期的法律

凭借着商鞅、韩非、李斯等法家的改革，秦一跃成为诸侯之首，并最终统一全国。法家的法治思想风靡一时。汉朝建立后，初期崇尚黄老，汉武帝时将法律进行了儒家化，并建立了对后世影响深远的正统法律思想。

第一节
秦汉的法律制度

《秦律》的制定

公元前221年,秦始皇消灭六国,结束七国争霸的局面,统一中国,建立了历史上第一个统一的中央集权制封建国家,秦代法律制度也发展到了一个更高的阶段。秦代法规包括自商鞅变法到秦始皇统一中国后直至秦灭亡这一阶段的法律。在中国封建法制史上,它的地位是很重要的。它总结了各诸侯国立法司法的经验,形成了比较完整的体系,因而在很多方面对后代的法律产生了重要影响。

秦国早期的法制相当落后。至秦孝公三年(公元前359年),孝公任用商鞅变法。商鞅以魏国李悝的《法经》为蓝本,改法为律,制定了秦国的六律:盗律、贼律、囚律、捕律、杂律、具律,统称《秦律》。改法为律是为了强调法律适用的普遍性和统一性。同时,他采取了一系列改革措施,如奖励农战、禁止私人相斗、鼓励告奸(揭发犯罪分子)等。经过商鞅变法,"秦民大悦,道不拾遗,山无盗贼,

李斯墓

第四章 秦汉时期的法律

家给人足,民勇于公战,怯于私斗",秦国法制和国力得到了很大的发展。秦国之所以能够从一个地处一隅的诸侯国,经几代经营,最后完成全国的统一,与商鞅变法的胜利促进了经济与军事实力的发展是有直接关系的。秦始皇统一中国前,秦国已经有了一套具有自己特色的、完备的法规。秦始皇统一中国后,由丞相李斯将原有的秦律加以修订、整理,颁行到全国。

《秦律》的内容,自然是以刑事法律为主体,同时涉及民事方面的户籍、婚姻、农商、工牧、赋税等各种制度以及有关司法方面的规定。其内容广泛,结构严谨,形成了一整套严密的制度和详尽的规范。其特点是用一切手段维护以皇权为中心的专制独裁和中央集权,维护封建土地所有制,鼓励军、工、农、商,重视吏治,厉行"法治",对一切敢于反叛或违制的行为实行严刑峻法。其刑罚手段极为残酷,并且广为株连,轻则罚筑长城,重则枭首、腰斩、车裂、族诛,乃至"夷灭三族"。尤其是在秦始皇统一全国后,更加骄横残忍,苛法重赋,对农民实行超经济的压榨,其征收的赋税和徭役超过古代二三十倍,使人民不堪忍受,终于揭竿而起,大一统的秦王朝只存在了短短15年。

《秦律》的形式有律、制、诏、式四种。

(1)"律"是国家正式颁布的成文法典,包括商鞅从《法经》直接沿用过来的六篇主律和其后为解决各种专门问题而制颁的许多单行律,例如《田律》《仓律》《军爵律》《金布律》《置吏律》《除吏律》等。

(2)"制""诏"是皇帝颁布命令而形成的各种制度和指令,它可以对律加以修改或废止,因而实际上具有最高的法律效力。如果在执行律时发现其内容与制、诏有矛盾,应以制、诏为准,充分体现了封建皇帝握有最高立法权。

(3)"式"是由朝廷统一制颁的各种行政公文和司法文书的格式或程序。例如,睡虎地出土的《封诊式》,就记载了有关治狱和对案件进行调查、审讯的程式。

睡虎地出土的《秦简》中,还记载了一部分"法律问答",是阐述法律精神和执法要求的权威性答复,相当于现代的司法解释,无疑也具有法律效力,可以看作是《秦律》的一种补充形式。

《秦律》的内容是多方面的,它的颁行对秦国封建制度的发展和全国的统一都起了一定作用。它所确认的法律形式、原则、制度等,对后世封建法制的发展具有深远影响，可以说是封建法制发展史上一个重要的里程碑。

但要指出，秦始皇在统治时期运用法律手段把封建专制主义制度推向了一个新的极端。特别是统治后期，及至秦二世，大肆诛杀诸公子及大臣，进一步镇压人民群众，使商鞅变法以来所形成的法律秩序遭到严重破坏，从而激化了社会矛盾，加速了秦王朝的崩溃。

两汉的法规

公元前209年，爆发了由陈胜、吴广领导的中国历史上第一次农民大起义。起义经过约三年的时间，推翻了秦朝。之后，起义军中的刘邦集团取得了对项羽集团的胜利。公元前206年，刘邦统一全国，建都长安（今陕西西安），是为汉朝。汉朝分为西汉和东汉两个时期，西汉建都长安，东汉建都洛阳，持续近400余年。汉朝的法律制度对中国整个封建社会都有很深远的影响，尤其刑制改革，是中国古代法律史上一次意义深远的重大事件。

汉朝的立法活动始于公元前206年，汉高祖刘邦在进攻秦都咸阳时，针对百姓长期遭受秦朝的严刑苛法的统治，为扩大政治影响、笼络人心，宣布废除秦法，与民"约法三章"："杀人者死，伤人及盗抵罪。""约法三章"虽然只是刘邦为顺应当时的形势而提出的策略性口号，内容也很简单，但由于它反映了广大农民反抗压迫的要求，反映了地主阶级建立稳定的统治秩序的愿望，因此在当时深得人心，对于刘邦取得战争胜利、统一政权起了积极的作用。

西汉王朝正式建立之后，刘邦面临着统治全国的新形势，感到约法三章太疏太宽，不足以对付违法犯罪。所以，他命令相国萧何参考秦法，吸取其合理有用的法律制度，剔除其不合理的部分，制定《九章律》。《九章律》的内容就是在《秦六律》的基础上增加了三篇：规定户籍管理方面的《户律》，规定军事调集、赋役和工程兴建方面的《兴律》，规定畜牧管理方面的《厩律》。《汉律》是汉朝法律的总称。它的内容除了《九章律》外，还包括《傍章律》、《越宫律》和《朝律》等。其中，《九章律》是《汉律》的核心内容。

汉高祖刘邦之后的惠帝刘盈、高后吕雉、文帝刘桓、景帝刘启，吸取了秦末苛法严刑不得人心的历史教训，实行休养生息政策，强调清静无为政治，在立法上较为宽省，同时注意法律的稳定性和连续性。因此，自汉初到汉武

第四章 秦汉时期的法律

帝时虽然经过了几代，但法律基本上没有什么修改，一直沿用《九章律》及《傍章律》等。

汉武帝即位后，随着国力的恢复，连年发动对匈奴的战争，这就加强了剥削，而导致了人民的反抗。为了加强镇压，汉武帝抛弃了汉初的省刑政策，大规模地修改法律，增加了律50余篇，其中死罪409条。到了西汉成帝时，法律已经多达100余万字。

东汉时期法律虽几经修改，但基本上沿用了西汉旧律。

因此，汉朝立法，从西汉初到东汉末，整个立法轨迹是：汉初由繁到简，汉武帝时由于镇压需要又由简到繁，至东汉末统治者无法再统治下去，有法等于无法。

汉朝刑制改革的主要内容是汉文帝、汉景帝废除了自夏朝以来至秦代一直沿用的残酷的肉刑（墨、劓、刖、宫），代之以徒刑、笞刑和死刑。

西汉王朝建立以后，汉高祖刘邦总结秦亡的教训，认为秦亡是由于没有分封子弟，孤立所致。所以他分封子弟为侯、王，建立了地方上的侯国、王国，使侯国、王国和郡县制并存。但是随着地方侯、王国势力的扩大，逐渐威胁到中央集权和皇帝的统治。汉景帝时，发生了以吴王为首的七个王国夺取中央统治权的"七国之乱"。因此，汉武帝时开始加强中央集权，限制和削弱王、侯国的权限与活动，法律于是成了强化中央集权的重要工具。为了强化中央集权，汉律规定了如下内容。

（1）树立皇帝的绝对权威，严惩危害中央皇朝、对皇帝不忠不敬的行为和思想。如规定了不敬罪和大不敬罪，凡属违反诏令、不奉诏、侵犯皇帝人身、将御用器物（如皇帝使用的弓）放在地上等，均属不敬罪和大不敬罪，犯者处重刑。还

汉武帝像

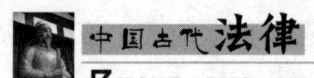

规定了腹诽罪，即虽然在言行上没有反对皇帝，但被推断认为在内心里反对即为犯罪，这是一种纯思想性犯罪。汉武帝时，大农令颜异与客人谈话，客人认为实行盐铁专卖对百姓多有不便，颜异当时欲言又止，只稍动了一下嘴唇。此事被报告到皇帝处，皇帝命令张汤处理此案。张汤与颜异有旧嫌，借此机会拟奏说，颜异身为国家重臣，见法令行使不便不向皇帝谏言，却在肚子里反对，当以"腹诽"罪名判处死刑。就这样，耿直无辜的颜异被杀害。

（2）加强中央的财政和经济力量，保障实行盐铁专卖和国家铸钱的财政经济政策。汉律规定私铸铁器和私卖盐，斩断左脚，没收器物。私铸钱者处死刑，以致当时吏民因私自铸钱而被处死者数十万人。

（3）限制和打击与中央相对立的地方和王、侯国的势力，制定《左官律》，增加了"阿党"罪和"附益"罪。凡是诸侯有罪，辅佐他的官员不揭发，为"阿党"。朝廷中的大臣以某种手段阿谀谄媚诸侯，非法增加诸侯王国的财产或收入，从而使其获益的，为"附益"。同时严禁王、侯私出国界，犯者或予以罢黜，或判处刑罚。

可见，汉朝在加强中央集权过程中充分利用了法律的强制作用，这是《汉律》的重要任务和核心内容。但是地方性的农业经济使得分裂割据不可避免，所以东汉时期地方豪强势力不断扩大，最后形成三国鼎立的局面。

从汉武帝时起开始实行"罢黜百家，独尊儒术"的政策，经过董仲舒等儒家改造和发展了的儒家思想逐渐成为社会的统治思想，也成了汉律的指导思想。具体表现如下：

（1）维护儒家"三纲"学说所确认的君权、父权、夫权。所谓"三纲"就是"君为臣纲，父为子纲，夫为妻纲"。儒家竭力从理论上把皇权神秘化，皇帝被尊为天子，强调服从皇帝就是顺应天意。因此，对皇帝不忠不敬，危害中央皇朝的行为和思想都要受到严惩。

在维护父权方面，《汉律》以不孝罪为重罪，规定殴打父母及不孝顺父母者处死刑。《汉律》还规定子女为父母报仇而杀人者可以减刑或免罪。同时允许父子之间互相包庇、隐瞒犯罪行为，即所谓"亲亲得相首匿"，但以不严重危害国家利益为前提。

在确认夫权方面，《汉律》赋予丈夫广泛的休妻权力，有"七出三不去"之法。"七出"，即在七种情况下可以休妻："不顺父母去，无子去，淫去，妒去，有恶疾去，多言去，窃盗去。""三不去"即发生三种情况时，妻子可以

第四章 秦汉时期的法律

不离去:"有所取无所归,与更三年丧,前贫贱后富贵。"

(2)渗透了礼主刑辅的观念。自汉以后,历代法典都把礼主刑辅作为一项基本指导原则。礼的基本内涵仍然是贵贱、尊卑、长幼、上下的等级秩序。例如,汉《傍章律》《朝律》就是专讲君臣之礼的。汉律中规定了不同的等级各有相适应的服饰、居室、车马,这就是贵贱上下之礼。

(3)春秋决狱使儒家经典法典化。汉武帝时起,董仲舒首创以儒家经典《春秋》来断案,叫作"春秋决狱"。此后形成的制度,使得儒家的经典法制化了,这是儒家思想影响汉朝司法的突出表现。

(4)秋冬行刑制度化。汉儒信奉天人交通的学说,宣扬要根据天象来行刑。他们认为"春夏生长,利以行仁,秋冬杀藏,利以施刑"。秋冬行刑论由于得到了汉朝统治者的肯定,而把它定为制度。汉章帝时期明确下诏:"罪非殊死,须立秋案验。"但秋冬行刑是指一般死刑案件,对于重大犯罪则是诛不待时的。

知识链接

唐德宗效法汉武帝

"算缗令"和"告缗令"是汉武帝颁布的征收财产税的法令,因其产生后果之恶劣,在后世臭名昭著,在相当长的时间里很少有人再敢尝试。不过过了将近1000年,又有一位皇帝重新把它们捡了起来。

公元779年,37岁的李适即位,是为唐德宗。当时国家刚刚经历了安史之乱,地方藩镇力量雄厚,德宗想要彻底割掉藩镇割据这颗大毒瘤。要削藩就要有财力,于是,德宗决定学习汉武帝。公元783年,朝廷宣布征收两个新的税种,分别是"税间架"和"除陌钱"。

所谓"税间架",实际上就是房产税,它规定每栋房屋以两根横梁的宽度为"一间",上等房屋每年每间征税两千,中等一千,下等五百。税务官员拿着纸笔算盘挨家挨户实地勘算,若有瞒报者,每隐瞒一间杖打六十。

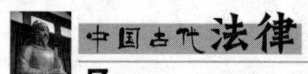

而"除陌钱"则相当于交易税，无论公私馈赠还是各种商业收入，每缗征税五十钱；若是以物易物，亦当折合时价按照相同税率征收；隐瞒一百钱的杖打六十、罚钱两千。

为了足额征收，朝廷还出台了举报有奖的政策，这一制度无疑是从"算缗令"和"告缗令"脱胎而来的，推行之后，民间怨声载道。中唐之后其辉煌不再，很大的原因是治国者改变了盛唐时期所推行的轻赋简政政策，税收越来越重，以致扼杀了民间生产力的活力。

第二节
秦汉时期的法制人物

法治能臣：李斯

秦朝统一天下，建立起历史上第一个封建大一统帝国，完成了前无古人的历史伟业，这固然离不开秦始皇本人的雄才大略，但是即使在战争年代，只有维持稳定的社会秩序，有一个科学严谨的法制体系在背后支撑，才能维系秦国一场场统一天下的战争。

在秦帝国的缔造者中，有一位元勋的作用不可或缺，秦始皇依靠他的才能完善秦国的法制，并建立起稳定有效的法律秩序。

这个人名叫李斯，秦朝著名的政治家、文学家和书法家，后协助秦始皇统一天下。

第四章 秦汉时期的法律

李斯很有追求，他辞去小吏职务，前往齐国，去拜当时著名的儒学大师荀子为师。荀子虽继承了孔子的儒学，也打着孔子的旗号讲学，但他对儒学进行了较大的改造，较少传统儒学的"仁政"主张，多了些"法治"的思想。对于学生的培养，也没有任何强制性的约束，兼容并包。所以，李斯这样的儒家门徒，发展了老师法家思想的一面，和同学韩非都成为法家杰出的代表人物。

秦庄襄王三年（公元前247年），李斯来到了秦国国都咸阳。这时，正赶上庄襄王嬴子楚（异人）病逝，秦王嬴政刚刚即位（公元前246年，为秦王政元年）。嬴政当时14岁，由吕不韦辅政，秦国大权全掌握在吕不韦手中。吕不韦为招纳各国贤才，也效仿东方的四公子，养了许多士。李斯看到吕不韦在朝中权势很大，决定投到吕不韦门下，做一名舍人。

李斯做舍人不久，吕不韦发现他很有才干，把他提拔为郎。所谓"郎"，

李斯的老师——荀子

是郎官的泛称，担任君主的侍从官，负责宿卫宫廷，虽是一个小官，但有接触国君的机会，借此机会，李斯在官场中顺风顺水，可谓平步青云。

李斯利用经常接近秦王的机会，给秦王上了《论统一书》，提出要建立一个中国，劝说秦王抓紧"万世之一时"的良机，"灭诸侯成帝业"，实现"天下一统"。

不过，此时嬴政还没有亲政，吕不韦把持秦国大权。所以，李斯的话实际是说给吕不韦听的。吕不韦很重视李斯的主张，认为李斯是难得的人才，又任命他为长史，长史负责顾问参谋，是一个有实权的官。李斯从这时起开始进入政坛。

李斯不仅在大政方针上为秦王出谋划策，还在具体方案上提出意见。他劝秦王拿出财物，重贿六国君臣，使他们离心离德，不能合力抗秦，以便秦国各个击破。这一谋略卓有成效，李斯因而被秦王封为客卿，李斯在秦国开始崛起。

正当秦王准备统一六国之时，韩国害怕被秦国提前灭掉，指派水工郑国到秦鼓动修建水渠，目的是希望削弱秦国的力量，用来阻止秦东进的步伐。后来，郑国修渠的真正目的还是暴露了。这时，东方各国也纷纷指派间谍前来秦国做宾客，于是秦国众臣对秦王说："各国被派遣过来秦国的人，很多都是为了他们自己国家的利益前来秦国做破坏工作的，请求大王下令驱逐一切外来宾客。"秦王便下了逐客令，李斯也在被逐之列。

李斯于是给秦王情真意切地写了一封信，劝说秦王不要逐客，这就是历史上有名的《谏逐客书》。他说："我听说群臣排斥外来宾客，这是错误的观念。以前秦穆公渴求贤人，去西方的戎请来贤士由余，从东方的楚国请来谋士百里奚，从宋国把蹇叔迎来，给从晋国来的丕豹、公孙支委以重任。秦穆公重用了这五个人，才得以兼并了二十国，从而顺利称霸西戎。秦孝公重用商鞅，推行新法，才使国家富强，大败楚国与魏国，使自己的国土面积扩增千里，秦国由此强盛起来。秦惠王运用张仪的计谋，拆散了六国合纵抗秦的计谋，迫使他们服从秦国。秦昭王重用范雎，削弱贵戚力量，才得以加强王权统治，蚕食诸侯，秦国得以成就霸业。这四代君王都是由于任用客卿，对秦国才作出了如此巨大的贡献。客卿并没有做对不起秦国的事情，假使这四位君王同样下达逐客令，只会导致国家衰弱，秦国更不会像现在一样强大。"

李斯接着说道："秦王不产珍珠与宝玉，美女、宝马、财宝也都是来自其

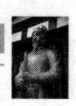

他各国。假如只是秦国有的东西才需要的话，那么许多好东西也就不存在了。"李斯还在信中反问："为何这些东西可以使用，而客卿反而受到驱逐？看起来大王不过是看重了一些东西，却对人才不能重用，其结果无非是加强了各国的力量，对秦国的统一更是百害而无一利。"李斯的这封信，不仅字字珠玑，而且着实反映了秦国历史与现状的实际情况，代表了当时有识之士的意见。所以，这篇《谏逐客书》便成为历史名作而为我们所熟知。

秦王明辨是非，果断地采纳了李斯的建议，立即取消了逐客令，李斯仍然受到重用，被封为廷尉。

秦统一后，用什么方法管理土地辽阔的国家是秦始皇面临的新问题。公元前221年，秦始皇与大臣在朝中商议这个问题。丞相王绾建议恢复三代的分封制，李斯发表了反对的意见，主张采取郡县制。

秦始皇采纳了李斯的意见，在全国实行郡县制。郡是秦朝地方的最高行政机构，秦初设置了36个郡，后来随着国土扩充，有所扩大。马非百先生在《秦集史》一书中统计是46个郡。各郡大小不一，有的属县30多个，有的仅两三个。

李斯一生在法家的法律理论上并没有什么建树，但他是一个名副其实的实践派。

李斯的一生，绝大部分时间都是在实践着法家的思想。他重新受到秦王嬴政的重用后，其卓越的政治才能和远见，是秦国发动统一战争时后方最坚实的后盾，他辅助秦王完成了统一六国的大业，顺应了历史发展的趋势。

秦朝建立以后，李斯升任丞相。他继续辅佐秦始皇，在巩固秦朝政权、维护国家统一、促进经济和文化的发展等方面做出了卓越的贡献。他建议秦始皇废除分封制，实行郡县制；又提出了统一文字的建议，之后又在统一法律、货币、度量衡和车轨等方面付出了巨大努力。这些措施，都是以法家的加强中央集权和君主专制为指导的。

李斯在他生平的后期，将法家的思想推向了极端化，严刑峻法，"使天下苦秦久矣"，没有科学理论的支持，李斯最终还是走上了一条不归路。归根结底，李斯是法家最纯粹的身体力行者。

汉武帝废除肉刑

汉文帝刘恒（公元前202—前157年）废除肉刑，是中国古代法制史上一次影响深远的重要改革，是值得一书的大事。

所谓"肉刑"，是以国家强制力为后盾，司法机关对犯某种罪行的人处以"断肢体，刻肌肤，终身不息"的刑罚。具体地说就是指黥（刻面窒墨）、劓（割鼻）、刖（断足）、宫（男子去势，女子幽闭）等四种。

文帝刘恒是汉高祖的第四个儿子，7岁被封为代王，长期居住边地。由于其为人"仁孝宽厚""少文多质"，在平定诸吕之乱后，被周勃、陈平等宗室大臣拥戴继承帝位。文帝即位后沿袭高祖以来的休养生息政策，薄赋敛、轻刑法，进一步促进了社会安定和生产的发展。

文帝进行的法制改革主要是废除肉刑，此外，他还废除了连坐法。文帝元年（公元前179年）废除宫刑。事实上这就是废除肉刑的开始。

文帝二年（公元前178年），刘恒对丞相、太尉和御史等大臣说：法令对于治理国家来说是很重要的，有了法令才能禁止横暴，保护好人。不过一个人犯了法对本人论处就是了，为什么还要惩办其没有犯法的父母、妻、子和兄弟呢？他认为这种制度不好，应予以革除。经大臣议论，颁行了废除连坐法的诏令。

文帝十三年（公元前167年）又进一步废除肉刑。这次具体废除的是黥、劓、刖三种，

名医淳于意像

涉及面较宽，影响也较大。通常说的汉文帝废除肉刑就是指这一次。其具体经过是：文帝十三年五月，原齐地太仓县令淳于意犯了罪，应当判处肉刑，押解到长安。淳于意无男孩，只有五个女儿。当他临去长安时埋怨道，生孩子不生男的，有了急难事不顶用。淳于意最小的女儿名叫缇萦，听了父亲的话很是伤心。她便毅然随其父到长安，向文帝上书说："妾父为吏，齐中皆称其廉平，今坐法当刑。妾伤夫死者不可复生，刑者不可复属，虽后欲改过自新，其道亡繇由也。妾愿没入为官婢，以赎父刑罪，使得自新。"（《汉书·刑法志》）这是一篇文字简练、说理充分、感情真挚的文章。它的意思是说，我的父亲曾当过县令，所治理过的太仓县及齐地老百姓都称道他廉洁公平，现在犯了法应当处以肉刑。我可怜那些被处死刑的人不能再复生，被处肉刑的人也无法恢复原来的面目，虽然他们想改过自新，也不能够了。因此，我愿被籍没为官奴婢，赎免父亲的刑罪，好让他改过自新。文帝看了少女缇萦的上书之后，受到触动，便下诏书说："古时候刑罚轻，老百姓犯罪却不多，现肉刑仍然有三种，但犯罪却不断发生，这是为什么呢？难道不是教育不够吗？如有过误，不先教育就施加刑罚，那样想改恶从善也没有办法了，我很同情这些人。"于是他便决定废除肉刑，以其他刑罚取而代之。丞相张苍、御史大夫冯敬等按照文帝诏书的精神，修改了刑法的有关条款，决定："当黥者，髡钳为城旦；当劓者，笞三百；当斩左趾者，笞五百；当斩右趾及杀人先自告，及吏坐受赇枉法，守县官财物而即盗之，已论命复有笞罪者，皆弃市。"（《汉书·刑法志》）这就是说，分别以五年徒刑、数目不等的笞刑和死刑取代黥首、劓鼻和斩左、右趾等肉刑。

文帝废除肉刑，本意是想减轻刑罚，但开始执行时却出现了相反的效果。当斩右趾以死刑代替，当斩左趾笞打五百，当劓鼻笞打三百，也多被打死。结果，"外有轻刑之名，内实杀人"（《汉书·刑法志》）。这样，汉景帝元年（公元前156年）不得不又修改法律，改笞打五百为笞三百、笞打三百为笞二百。由于这样修改仍不能解决笞刑致人死命的问题，景帝六年（公元前151年）再减笞三百为笞二百、笞二百为笞一百，并制定了《箠令》。这一法令既规定了刑具的规格大小，又规定了施刑的部位，并规定施刑中途行刑者不得更换。至此，减轻刑罚才算实现了。

用《春秋》决狱的大儒

董仲舒,汉代思想家、哲学家、政治家、教育家。汉族,今河北省景县人。

董仲舒一生经历了文景之治、汉武盛世,这是西汉王朝的极盛时期,政治稳定,经济繁荣,国力空前强盛,人民安居乐业。

民安于太平,士乐于学业,于是讲学通经之士,再聚徒众,复兴儒业,儒学阵营,陡然大具。经师们为了经世致用,取悦当道,解经说义,绘声绘色。家有家风,师有师法,形形色色,粲然明备。

董仲舒,就是在这样一个社会安定、学术自由的背景下,走上仕学之路的。

董仲舒提出"罢黜百家,独尊儒术",使汉代的思想统一。他通过统一思想,进一步统一国民对法律的认知。

首先,董仲舒强调法律思想必须统一,这样才能"法度可明,民知所从矣"。法律思想统一的前提是"邪辟之说灭息",奉儒家学说为尊,毕竟董仲舒信奉儒家。所以,这里要统一的法律思想是儒家的法律思想,而不是其他学说的法律思想。

随后,董仲舒阐述了统一法律思想的重要性。他认为,在"今师异道,人异论,百家殊方,指意不同"的情况下,会出现"法制数变,下不知所守"的局面。儒家学说的确立,使儒家法律思想的地位同时确立。儒家的法律思想要求避免不确定的、常变的法律制度来治理国家,如果一个国家的法律常变,会形成"民不知所从,下不知所守"的局面。据此,董

董仲舒雕像

第四章 秦汉时期的法律

仲舒所主张的是国家要有确定不变的法律。确定不变的法律制度的前提是法律思想的统一，它对巩固国家的统治、稳定社会、安定民心有极其重要的作用。

最后，董仲舒认为法律必须明示于天下，这样才能做到"民知所从""下知所守"，起到安定社会和维护统治的作用。神秘的、不公开的、少数人掌握的法律对国家的统治副作用极大。董仲舒清醒地认识到了这一点，将它作为治国方略提出，这也成为儒家法律思想的一个特点。

董仲舒开判案风气之先，成为汉朝以后法官判案方式的典范，他的判案方式被称为"春秋决狱"。

所谓"春秋决狱"，就是以《春秋》的精神和其中所载的事例、判例作为分析案情、定罪量刑的依据。要求将《春秋》大义作为司法裁判的指导思想，凡是法律中没有规定的，司法官就以儒家经义作为裁判的依据；凡是法律条文与儒家经义相违背的，则儒家经义具有高于现行法律的效力。

可以说，"春秋决狱"是以儒家思想指导司法审判、将儒家经典法律化的一种表现形式。董仲舒是引经断狱、把儒家经义应用于法律的第一人。

"春秋决狱"的出现，一方面说明了儒家的刑罚思想已随意识形态领域的"独尊儒术"而取得正统地位；另一方面表明西汉中期封建法制还不够成熟和完备，"三纲五常"所体现的封建宗法等级原则尚未具体化为法律规范，因而在纲常原则与司法实际之间还存在不少矛盾，需要用经义决狱的方式予以调整。董仲舒身体力行，积极参与了"春秋决狱"的实践，直到老病家居以后，汉武帝还常派廷尉张汤到他家"问其得失"，他"动以经对"，并作《春秋决狱》，可谓是中国历史上第一部判例法专著。

从这些案件中，可以发现一个奇怪的现象，法官在判案时，是根据案件的事实，追究犯罪人的动机来断案。如果他的动机是好的，那么一般要从轻处理，甚至可以免罪；如果动机是邪恶的，即使有好的结果，也要受到严厉的惩罚，犯罪未遂也要按照既遂处罚，首犯还要从重处罚。这是"春秋决狱"中最重要的司法原则，被称为"原心定罪"。

可以看出，董仲舒在处理具体案件时，不是按照法家偏重于客观归罪的定罪量刑标准，而是从客观事实出发，遵照儒家精神，推究行为人的主观方面（动机、目的、故意与过失等），在综合权衡客观方面与主观方面的基础上，裁量刑罚。如果行为人出于善的动机，即使其行为导致了危害性的后果，也可以减轻处罚或免予处罚，从实际出发，根据《春秋》精神，比较恰当地处理案件。

两汉时期的"春秋决狱"不过是一种政治与司法上的惯例，还没有形成完善的法律制度。因为从现有的史料中还没有发现与"引经决狱"或者"春秋决狱"直接有关的法律条文，只不过是统治阶层提倡或认可，在政治、法律领域约定俗成罢了。

由此可知，"春秋决狱"这个中国最早的判例法传统，事实上一直只是司法界的"潜规则"，具有实际的法律效力罢了。

作为法律的特殊产物，"春秋决狱"毕竟没有具体的依据。因而在"春秋决狱"的同时，汉朝之后的各王朝通过频繁地确立法律活动，把儒家的精神不断地渗入到封建法律当中去。到了唐代，礼和法完全融合，真正达到了"礼法合一"。由于法律已经体现了儒家的精神，"引经决狱"和"春秋决狱"已经没有任何区别，"春秋决狱"因没有具体依据而不再流行，因此，到了唐代，"春秋决狱"已经宣告结束。

知识链接

公正执法的张释之

张释之，字季，南阳堵阳（今河南方城东）人，是西汉时著名法官。汉文帝时，南王的丞相。

张释之才学广博，思维敏捷，以敢于向皇帝直言进谏、执法严明而著称于世。

张释之博学多才，经常引用秦朝的政治弊端和秦朝灭亡的经验教训及汉朝兴起的历史原因等，劝谏汉文帝。有一次，张释之跟随汉文帝出行，来到皇家园林上林苑。汉文帝向管理官员询问各种飞禽走兽的在册数目，一连问了十多个官员，他们都答不出来。这时，管理老虎的小吏便从旁边代替官员们回答文帝，将各种飞禽走兽的数目说得十分详尽，而且口齿伶俐。汉文帝听后称赞道："朝廷官员难道不应当这样吗？上林苑的官员们不称职。"于是下令让张释之去任命那管虎的小吏担任上林苑的长官。过了很久，张释之才走上前去对文帝说："皇上认为绛侯周勃（汉高祖时的功臣）是怎样的人？"汉文帝回答道："是一位年高德劭的长者。"张释之又再问："东阳侯张相如（西汉时的大臣）是怎样的人？"汉文帝又回答道："也是一位年高德劭的长者。"张释之说："绛侯、东阳侯被皇上称誉为年高德劭的长者，可是这两位长者谈论起事情来，口齿却并不很利落。难道也要让这两位长者学这个小吏那样多嘴多舌、伶牙俐齿吗？秦代君主因为重用司法官员，就使得其他官员都争着以司法官员的办事作风，如紧急、快速、苛酷、细微作为比高下的标准。然而，这种办事作风的毛病是表面上做得极其完备，而实际上却根本不体察老百姓的实情。因此，秦代君主全然没有觉察到自己的过失，国家就逐渐衰颓，至秦二世，天下就像土岸一样坍塌了。现在，皇上由于这个小吏能说会道，便越级提升他，我担心天下人会跟着这种风气一边倒，争着夸夸其谈而不注重实际了。再说，下面受上面的影响，比影子伴随形体、回响应答声音还要迅速。因此，任免官吏不可不谨慎啊。"汉文帝听了这番话，深以为对，就收回了前令。

第三节 秦汉时期的法律思想

秦始皇的法律思想

秦始皇，即嬴政（公元前259—前210年），战国末期一位杰出的封建地主阶级政治家，中国历史上第一位统一全国的领导者。他一生的所作所为，对中国历史尤其是对中国封建政治史和法律史产生过重要影响。作为中国封建专制主义制度的奠基人,中国历史上第一个皇帝,他的法律思想在历史上的影响也是很深远的。2000多年来,尽管秦始皇的法律思想及其制定的法律曾遭到人们(包括封建统治者和他们的文人)的诅咒,但秦始皇法律思想的基本内容却一直被封建统治者所承袭。所以了解秦始皇的法律思想,对于了解中国历代封建统治者的法律思想都是有益的。

1. 主张提高君主在封建政权中的法律地位

中国古代,君主权力大小和稳固程度,常常是政权稳定与否的表征。春秋以来几百年诸侯混战,不仅使周天子的地位日益下降,各诸侯国也日益削弱。基于这样的历史经验,秦始皇认为,在六国覆灭、天下大定的情况下,为了巩固其统治,就要加强和提高自己的法律地位。为此,他采取了一系列措施。他更名号,自称"始皇帝",规定"后世以计数",妄图使其统治子子孙孙"二世三世至于万世,传之无穷"(《史记·秦始皇本纪》)。他规定避讳制度,以显示皇帝地位的至高无上。全国臣民对秦始皇及其祖先的名字,在言谈话语、上书奏事时,都不得直呼,要避讳。对犯讳者实行惩罚。与此同时,他还规定皇帝的"命为'制',令为'诏'",提高皇帝命令的法律效力。自秦始皇之后,皇帝的诏制便成了国家法律的基本渊源和指挥国家机器运转的基本形式。为了加强对全国官僚体系的控制,在中央,他沿袭战国以来的将相制度,以太尉和丞相分掌军政大权,另增设御史大夫执掌诏令、

秦始皇雕塑

群臣奏章和纠察百官，总称之"三公"。三公之下设置"九卿"，以三公、九卿为主组成中央官僚机构。在地方行政区划和机构设置上，分天下为三十六郡。各郡设郡守、郡尉和监郡史，分管各郡的军政和监察；各县设县令（长）和县丞。全国官吏都由皇帝及其代理人任免，加强对官僚体系的控制，这样便为贯彻诏令提供了组织保证。

2. 强调用法律手段治理国家

"以法治国"是战国时期法家学派首先提出的。作为法家的继承人，秦始皇也极力坚持这一主张，史称他"刚毅戾深，事皆决于法"，他自己也将重视法律作为"功德"加以宣扬。他在刻石中先后写道："端平法度，万物之纪"，"普施明法，经纬天下"（《史记·秦始皇本纪》）。正是在这种思想指导下，他进一步严密了国家的法网。新发现的秦律虽然远非秦律的全部，并且不全是秦始皇颁行的，但他执政后继续执行则是无疑的，仅从这一部分法律的内容，也可以看出秦代法网严密的程度。秦始皇如此重视法律，其目的是什么？他在多次刻石中也作了一定回答，就是要建立"尊卑贵贱，不踰次行"的等级秩序，建立"职臣尊分，各知所行"的官僚秩序，建立"禁止淫泆，男女洁诚"的家庭秩序。总之，是以法律为"仪则"，建立封建地主阶级的统治秩序。

3. 主张废止儒学仁义，实行严刑酷法

司马迁说秦始皇"废王道，立私权，禁文书而酷刑法"，班固说秦始皇"毁先王之法，灭礼仪之官，专任刑罚"。秦始皇的这种思想与他所信奉的法家思想有密切联系。他十分推崇韩非。据说当他第一次看到韩非宣扬专制、抨击儒学、提倡实行严刑重罚的《孤愤》和《五蠹》等著作时，激动得大声叫好："寡人得见此人与之游，死不恨矣！"韩非后来虽然死于秦始皇、李斯之手，但从思想体系来说，他们却是韩非的高足弟子。

秦始皇主张实行严刑酷法突出表现在处理案件时大大加重了刑罚。在处理"嫪毐一案"时，除将嫪毐等20人灭宗之外，又将嫪毐的舍人判处徒刑和迁到四川的达4000余家，"吕不韦一案"受株连的迁到四川的达万余家。之后，为"荆轲刺杀案"，灭轲九族尚不解其怒，竟夷灭荆轲一里。为某黔首在

殒石上刻"始皇死而地分"一案,将石傍居住之人全部诛杀。秦始皇实行严刑重罚还表现在颁行《挟书律》,在全国大规模焚毁《诗》《书》等百家语和坑杀儒生,妄图以刑罚手段,禁止儒学和其他学派发展,钳制人们的思想,制造了中国封建社会历史上最早和规模最大的文字狱,使中华民族文化遭到了一场空前的浩劫。

像中国历史上许多著名的人物的政治法律思想常常存在矛盾一样,秦始皇的法律思想也存在无法克服的矛盾。这主要表现在他既强调实行"以法治国",又奉行君主专制。"法治"要求法律具有稳定性,有大批依法办事的官吏和必要的监督;而专制则是一切以君主个人的意志为转移,朝令夕改。他自称实现了"皆有法式",并确实惩办过一批不依法办事的治狱吏。但由于他自己超越于法律之外、凌架于法律之上,在全国统一后又建立集行政、军事、立法、司法大权于一身的封建君主专制体制。由于他凭借自己的喜怒好恶决断国事,要求官吏按自己临时发布的命令办事,结果就使大量法律成为具文,官吏无所适从。以致后来出现了司马迁说的"天下之士,倾耳而听,重足而立,拊口不言","是以三注失道,忠臣不敢谏,智士不敢谋,天下已乱,奸不上闻"(《史记·秦始皇本纪》),众叛亲离的崩溃局面。

汉初的黄老学派

西汉王朝建立之初,经济凋敝,天下饥馑。不仅人民四处流亡,无以为生,而且国家也是国库空虚,财源枯竭。鉴于秦朝速亡的历史教训,西汉统治者清楚地知道,继续奉行秦时的暴政,只会导致新政权的垮台。于是西汉初期的统治者,从汉高祖到吕后、帝惠、文帝、景帝,大臣从陆贾到贾谊、晁错,都主张以黄老思想为指导,实行轻徭薄赋、约法省禁、奖励耕织、与民休息的政策,以缓和阶级矛盾,保证社会稳定发展。

黄老学派,指以黄帝、老子学说为宗旨的学派。其源于先秦道家,是先秦道家的一个分支。黄老学派在政治上主张统治者清静无为、与民休息;在法律上主张约法省禁、轻刑轻罚。黄老学派的特点是具有包融性和过渡性。每当王朝初期,统治者一般都会以黄老思想作为指导,以恢复经济的发展和稳定初建的政权。但当王朝进入中期,社会经济由恢复转为发展时,黄老思想由于不能适应发展的需要往往被儒学取代。在法律思想上,汉初黄老法律

第四章 秦汉时期的法律

思想，带有明显的各家思想合流和过渡性的特征，是法律思想由尚法转为崇儒的关键环节。

西汉初期统治者鉴于秦朝的教训，大都推崇黄老之学。如汉高帝时，萧何、曹参先后任宰相，都推行无为而治的政策。集黄老学派之大成的著作《淮南子》，对黄老学派主张的清静无为、务德化民、约法省禁、宽简刑罚、顺应民心等思想，都作了进一步的阐发，完善了黄老学派的理论体系，促成了黄老之学盛极一时的局面。这时的黄老之学已不仅是道、法两家思想的结合，而被改造为兼取各家精粹，以儒、道、法三家相互融会贯通为主的结合体。黄老学派认为统治者必须做到两点才能达到天下治理的目的。

黄帝陵

一是立法明确并公布于众。陆贾在《新语·至德》中指出："威不强还自亡，立法不明还自伤。"立法不明常常造成法律没有稳定性、连续性，朝令夕改，或者赏罚不当，或者条文烦琐等，这些都会危及国家命运。明智的做法是制法内容明确、具体简要，并在制定之后较长的时间内，不增删废除，保证其具有较强的稳定性。同时，法律制定后，还要公布于众，让百姓及时了解法律的内容。百姓只有了解了法律的内容，才能知道可以做什么和不可以做什么，才能按照法律规定，调整自己的行为。将制定的法律公布于众，是法律能够得到贯彻实施的切实、有效并且不可缺少的保证。

二是保证自身守法。汉初黄老学派强调国君必须一举一动都遵循法律。因为在一个国家里，国君掌握着全部政权，国家的繁荣昌盛及衰败没落，很大程度上取决于国君的道德品性。所以，国君必须带头依法办事，自觉守法。

汉初黄老学派认为，秦国建国仅十几年就亡国，最重要的原因之一就是秦法过于繁密和严酷，对人民压榨得过于紧迫。他们认为，治理国家的根本在于安民，即安抚人民，绝不能扰民、伤民或害民。法律的作用在于兴利除害、尊主安民。为保证国家的稳定和人民幸福，法律自然是不可缺少的统治工具，但法律绝不能像秦法那样繁杂，必须内容简明易懂，而且刑罚越轻越好。因为如果法律过于繁杂，使人民置身于法令刑罚之中，稍不留意就可能触犯了法律而受到刑罚处罚，这种繁密的法律带来的结果只能是法律越多，犯罪越多，与统治者预期的结果正好背道而驰。并且法律的内容要尽可能简单易懂，便于官吏和人民了解、执行和遵守，这样才能保证先教后刑。汉初黄老学派认为，只有坚持约法省禁，削除烦苛，才能使社会安定，经济发展，也就达到了"无为而又无不为"的境界。

汉初黄老学派吸取秦亡的教训，反对秦朝轻罪重刑思想，提出刑不厌轻、罚不患薄，刑罚务须宽、轻。因此，在执法过程中，宁可漏制有罪之人，也不能错判无辜之人，只要对罪行有一点疑问，就不可随意诛杀，这样才能树立法律的威信。

西汉建立以前的秦朝，在秦始皇和李斯的主持下，一直推行事皆决于法，专任刑罚的法治。而到汉武帝时，汉武帝接受董仲舒的建议，"罢黜百家，独尊儒术"，逐步使儒家思想控制了法律思想领域。法律思想在秦亡至汉武帝推行独尊儒术政策的短短七十年间，发生了如此重大的转变，没有汉初黄老法律思想的铺垫、承接是不可能的。黄老法律思想在国家政治生活中的实施，正好在客观上形成了一种逐步过渡的作用，也为中国正统法律思想的确立拉开了序幕。

正统法律思想的形成

正统法律思想是指汉武帝时确立的，以儒家法律思想为主，兼采阴阳家、法家、道家等各家之说的法律思想。其主要内容有德主刑辅，君权至上，礼律融合，法有等差等。正统法律思想在中国古代社会法律思想的发展史上占有极为重要的地位。它不但长期支配着汉武帝后中国古代社会的立法、司法活动，而且对后来半殖民地半封建社会的法律发展亦有很大影响。

正统法律思想的形成经历了漫长的历史发展时期。自夏、商、西周神权法与礼治思想体系崩溃后，政治家、思想家便致力于新的法律思想体系的创立。其间经过战国至秦的"法治"，又经过汉初"无为而治"，在近五百余年

第四章 秦汉时期的法律

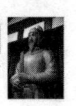

的反复探索中，正统法律思想才得以形成。正统法律思想形成于汉武帝时有以下几点原因。汉武帝时，汉王朝已发展了近七十年。在这七十年中，汉代的经济得到了恢复与发展。汉初，经济凋敝，迫使统治者不得不"与民休息"，实行"无为"之策。而此时，凋敝的经济复苏、繁荣，又迫使统治者不得不改变"无为"政治。随着经济的发展，武帝时期的政治亦发生了变化。汉初由于中央集权力量的不足，不得不实行"郡国并行制"，给地方王国以相对的独立权。此时，中央集权力量与王国力量都日益壮大，有势不两立之势。黄老的"无为"之策不利于中央集权制的加强，也不利于中央对地方的控制及对百姓的搜刮。汉武帝因而采取了一系列措施，打击地方王国的分裂势力，削弱诸侯王的力量，中央集权得到巩固。政治上的"大一统"使黄老"无为"理论显得陈腐落后。

正统法律思想的形成与汉初文化思想的发展有密切的关系。汉初，统治者推崇黄老，以秦急政而亡为戒，"黄老学派"的宽容无为，为各学派的生存与发展提供了宽松的环境。自战国以来屡屡受挫的儒家学说亦乘时而兴。墨、名、阴阳、法、纵横各家也获得喘息时机，修补各自的观点。至汉武帝时各学派不但远未泯灭，而且在生存发展中仍各自发挥着影响。

汉武帝时期，黄老思想已经赶不上现实的发展，各个学派的发展也导致黄老思想几欲分崩离析。拥有雄才伟略的汉武帝认为非常有必要确立一种能够统治天下人思想的理论，从政治、经济一直到意识形态实行全面的"大统一"。于是，董仲舒利用儒学作为基础，用阴阳学加以注释，杂糅各家之长，献上"天人感应"三个计策，深得汉武帝赏识。"天人感应"的主要内容是确立儒学经典《公羊春秋》符合上天本意，是永恒的真理。而《公羊春秋》的"微言大义"就是主张"大一统"的思想。在法律观上，董仲舒认为"天道之大者在阴阳，阳为德，阴为刑"，所以统治者施政应当"德主而刑辅"。所谓德，也就是儒家宣扬的仁义礼乐、人伦纲常。董仲舒认为这种伦常关系可以用"君为臣纲，父为子纲，夫为妻纲"来总结，也就是"三纲"。而"三纲"代表的是上天的旨意，是天道的具体体现，"可求于天"。为了让董仲舒创建的宣扬"大一统"的新儒学代替黄老之说，汉武帝采取了"罢黜百家，独尊儒术"的积极措施，正统法律思想伴随儒学的复兴最终占据了统治地位。

封建正统法律思想的基本内容和主要特点可以概括如下。

1. 则天顺时，法自君出

起源于夏、商、西周时期的神权理论，到了汉朝，由董仲舒结合阴阳五行学说，发展成为"天人感应"的神秘主义思想。它宣扬天子是上天之子，人间的君主是上天的代表；法律对犯罪的惩罚，是君主根据天的旨意而实行的；皇帝可以立法也可以任意破坏法律，可以法外施恩也可以法外加刑。根据这个理论，对于任何侵犯皇权和统治阶级利益的言行，中国历代法律都将其视为违反天理的大逆不道的罪行而处以最严厉的处罚。宋代理学出现后，南宋思想家朱熹在董仲舒的理论基础上，提出了"存天理，灭人欲"的思想，成为当时政治法律的指导原则。天理的实质内容，就是封建纲常名教、宗法等级。

2. 礼律结合，法有差等

由于儒学受到重视，礼在封建社会也受到重视，被认为是统治天下的根本。礼和法的关系是，礼作用于犯罪行为发生之前，法作用于犯罪行为发生之后。董仲舒要求将礼与法相结合，将礼仪规范地融入法律中去，并提出了"君为臣纲，父为子纲，夫为妻纲"，作为封建立法的基本原则和重要内容。此后，各代大都是礼律并称，隋、唐融礼入律的情况尤其突出。

3. 德主刑辅，先教后刑

先秦儒家在强调礼治的同时，还强调德治。他们认为，在治理国家的德、礼、刑、政四种手段中，以德、礼为主要手段，在刑罚的运用上应当"明德慎罚""德主刑辅"。董仲舒把这种思想纳入他的神学范畴。此后，德主刑辅原则一直占据着支配地位。两汉以后，在德刑关系问题上出现过一些争论，但总的精神仍不外"刑为仁佐"。唐以后各代，大抵是贯彻长孙无忌等人所持的"德礼为政教之本，刑罚为政教之用"的观点。宋明以理学为指导，更是把道德教化放在最主要的地位。这种"德主刑辅""先教后刑"的状态，一直延续到封建社会末期。

4. 应经合义，论心定罪

儒家思想占统治地位的结果，使儒家经学得到了进一步的发展。礼和律的相互渗透，德和刑的相互作用，又使律和经发生了紧密的联系，以至于律学作为一门专门学问，和经学并称，受到了官方的同等重视。汉时选举、取士、任官，既要求通晓经义，也要求通晓法律。原因就在于儒家经义是指导一切的最高准则。这样，便造成了中国法律发展史上两汉时期律学空前兴盛的境况。

经学和律学的具体关系，主要表现在据经解律和引经决狱两个方面。汉魏以来，经学始终在指导着法律的制定和律文的注释，经义不仅是立法的基础，而且还是法律的准则。引经决狱是要求在法律规定之外，引据儒家经义断案，而且要考察犯罪动机。如董仲舒致仕家居期间，对廷尉张汤所问疑难问题，都根据《春秋》予以解答。

知识链接

法律对盗贼的制裁

无论什么时候，盗贼们都不会过上一天的"好日子"。《尚书》中记载了对于盗贼进行严重惩罚的规定，警告军队不可以盗取百姓的财物，表明西周时法律已经有明确严惩盗贼行为的规定。

后来，战国时期的李悝制定了《法经》，认为"王者之政，莫急于盗贼"，所以"其律始行于盗贼"。即指在传统的政治教化中，治理国家的首要任务，便是打击"盗贼"。

秦汉两朝同样沿袭了严惩盗贼的思想，并将其修缮得更加完善，后来的封建王朝大多传承了汉朝的法律，对于偷盗行为，必须加以重罚。

伴随法律的进一步发展，对盗贼行为的认定有了更加细化的规定。

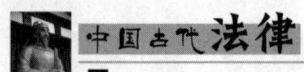

首先,将"盗"分为"强盗"和"窃盗"两种。只要用威力强取公私财物的行为称为"强盗";只要以非法占有为目的,秘密窃取公私财物的行为称作"窃盗"。

其次,将"贼"也划分出了"杀人不忌"和"逆乱者"两种。由此可见,古代的"贼"罪同样分为一般杀人贼与"逆乱"贼两类。什么是"逆乱"贼?事实上是指以武装形式进行反抗斗争的人民群众以及统治阶级内部的叛逆行为。

第五章

魏晋至隋唐时期的法律

这一时期是中国古代法律发展的高潮期，可以说代表了中国古代法律文明发展的最高成就，尤以唐朝最为杰出。唐朝的政治、经济、文化、艺术在中国古代文明中都大放异彩。与之相对应，唐朝所确立的以《唐律疏议》为核心的法律制度，也达到了中国古代法制文明的最高水平。

第一节
魏晋至隋唐时期的法律制度

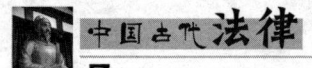

魏晋南北朝的立法

1. 三国时期的立法

蜀国定都成都后,着手立法。史载诸葛亮、法正、伊籍、刘巴、李严等人"共造蜀科"。据《三国志·蜀书·诸葛亮传》,诸氏集篇目后有"法检""科令""军令"等篇,史称其科教严明,"刑政虽峻而无怨者,以其用心平而劝戒明也",现除散见的部分军令外,蜀科及其他单行法规均已佚失难考。

吴国"律令多依汉制",立法活动主要有两次:一是于黄武五年(公元226年),陆逊上书"劝以施德缓刑,宽赋息调",孙权"于是令有司尽写科条……令损益之",这是对科条的一次较全面的修订;二是嘉禾三年(公元234年),孙权征新城,命孙登留守总理政务,"时年谷不丰,颇有盗贼,及表定科令"。此外,还有军令性质的"誓众之法",但也都已失传。1996年,在湖南长沙发现大量吴简,多达十几万支,简牍内容涉及政治、军事、经济、法律等各个方面,相信对这批简牍的整理研究,将极大促进对这一时期法律制度的研究。

魏国立法较蜀、吴卓有成效。"魏之初霸,术兼名法",早在曹操被封魏王时,就针对汉律繁芜和不适于动乱年代的状况,而对汉律有所改易。但迫于汉臣名分,于是有"科"这一独立性的临时法律形式的出现,它颇似现代国际私法中准据法的用意。当时制定有"新科"和"甲子科"。直到魏明帝时才又着手制定新律。史载太和三年(公元229年),诏令陈群、刘邵、韩逊等"删约旧科,傍采汉律,定为魏法,制新律十八篇"。

此外,这一时期还颁定了《州郡令》《尚书官令》《军中令》等以及《新律》共180多篇,较东汉末年以来"律令紊乱,科比冗杂,章句歧义,览者艰难"的汉律,显得"文约而例通",对晋律的制定有直接影响。

2. 两晋的立法

曹魏末年,晋王司马昭即命贾充、羊祜、杜预、裴楷等人以汉律、魏律为基础,修订律令,历时四年,至晋武帝司马炎泰始三年(公元267年)完成,次年颁行全国,史称《晋律》或《泰始律》。该律又经张斐、杜预作注释,为武帝首肯"诏班天下",与律文同具法律效力,故又称《晋律》为

司马昭故里

"张杜律"。这一形式成为以《唐律疏义》为代表的律疏并行的先河。

《晋律》共20篇620条27657字。同时,颁行的还有《晋令》40篇2306条98643字。此外,还有《晋故事》30卷,与律令并行。"式"作为一种法律形式也已出现。《晋律》为东晋、宋、齐沿用,至南朝梁武帝改律共承用235年,是两晋、南北朝时期行世最久的一部法典,对后世立法影响深远,促进了封建法律和律学的发展。

3. 南朝立法

宋、齐均沿用《晋律》。统治阶层崇尚玄学与佛学,蔑弃礼法,以清淡为高雅,以法理为俗务,优于辞章,疏于律令。刘宋五十多年未立新制,萧齐仅于武帝永明七年(公元489年),由王植、宋躬据《晋律》张斐、杜预二注,抄撰同异,其旨在统一两注,成律文20卷,史称《永明律》,共1532条。但因意见不一,结果是"事未施行,其文殆灭"。梁武帝萧衍代齐,于天监元年(公元502年)诏蔡法度、沈约等依照《永明律》修订《梁律》,次年成20篇,共2529条。但与《晋律》相比,篇目次第依旧,仅名称有所改

易,做了些删削词句、统一注释的工作,并未超出《晋律》范围。同时,还颁有《梁令》《梁科》各30卷。梁季丧乱,陈霸先废梁敬帝萧方智,自立为帝。认为梁律"纲目滋繁","宪章遗紊",诏尚书删定郎范泉等修订律令,撰成《陈律》、令、科各30卷,皆早已失传。史载《陈律》"条流冗杂,纲目虽多,博而非要",其"篇目条纲,轻重繁简,一用梁法"。因而《陈律》实质上仍是《晋律》的继续。

4. 北朝立法

北魏首开北朝重视法典编纂之风。自太祖拓跋珪天兴元年(公元398年)命三公郎中王德定律令、"申禁",到孝武帝太昌元年(公元532年)诏议改条格的百余年中,大大小小的立法活动见于记载的有9次,前8次均是修订《北魏律》,至孝文帝太和年间(公元477—499年)始告完成,前后经历一个多世纪,这大约是历史上修订最久的一部法律。以后虽续有纂修,但变化不大。《北魏律》共20篇(今篇目可考者25篇),它的颁行,一改魏初"礼俗淳朴,刑禁疏简","临时决遣"的状况。因参与修律的崔浩、高允、游雅等人均是当时汉族著名律学家,加之北魏历代君臣都重视法律,使《北魏律》能"综合比较,取精用宏",冶汉律、魏律、晋律于一炉,开北系诸律之先河。

东魏孝敬帝兴和三年(公元541年)命群臣议定新法。天平年间(公元534—538年)曾诏高澄与封述定新格,"以格代科,于麟趾殿删定,名为《麟趾格》,颁行天下"。

西魏大统元年(公元535年)着手制定新法。大统十年(公元544年)命苏绰编定《大统式》,"总为五卷,颁于天下"。

公元550年,东魏权臣高洋自立为帝,改东魏为北齐。初沿用《麟趾格》,至武成帝河清三年(公元564年),在封述等人主持下,以《北魏律》为蓝本,校正古今,锐意创新,省并篇名,务存清约,编定成《北齐律》12篇,949条,以"法令明审,科条简要"著称。上承汉魏律之精神,下启隋唐律之先河,成为隋唐法典的蓝本。近人程树德说:"南北朝诸律,北优于南,而北朝尤以齐律为最。"

西魏权臣宇文觉于公元557年废魏恭帝自立,改国号为周,史称北周。初用制诏,至武帝保定三年(公元563年),命越肃、拓跋迪等撰定法律,仿

第五章　魏晋至隋唐时期的法律

《尚书·大诰》谓之《大律》，共 25 篇，1537 条，原文早佚。因《大律》仿《尚书》《周礼》，杂采魏、晋诸律，使"今古杂糅，礼律凌乱"，不合时宜。《隋书·刑法志》说它"大略滋章，条流苛密，比于齐法，繁而不要"。因此，隋虽承周立国，但在立法上却以《北齐律》为本。

隋代法律制度的发展

隋代从建国至灭亡，只历经了两帝 30 余年。30 余年，在整个中国历史发展的长河里只不过是短短的一瞬，然而隋王朝所建立的丰功伟绩以及隋代在前人的基础上所确立的政治法律制度产生的影响却是深远的。这固然是由于隋文帝杨坚结束了魏晋以来南北朝长期分裂和混战的局面，又一次完成了全国的统一；同时也是由于隋文帝杨坚所建立的政治法律制度，从内容到形式更趋于完备，更能适应封建地主阶级统治的需要。隋王朝虽然是一个短命王朝，但它的成功与失败却为其后的唐王朝的统治留下了经验。从隋开始，中国封建经济走向一个新的发展时期。

隋炀帝陵

隋代先后颁行了两部法典，即《开皇律》和《大业律》。除律之外，还有令、格、式。《开皇律》和《大业律》现已不存，令、格、式等也早已散失。这里我们只能根据古人在其他书籍中的记述和近人的考证，谈谈隋律的概况。

1.《开皇律》

《开皇律》是隋文帝杨坚即位后制定的。杨坚原是北周贵族，关、陇地主集团的代表。他在北周政权中的汉族官僚支持下，利用周宣帝宇文赟早死，宣帝的儿子宇文阐年幼，被"推戴""入宫辅政"的机会，于公元518年2月夺取帝位。杨坚目睹了"宣帝时刑政苛酷，群心崩骇，莫有固志"（《隋书·高祖纪》）的状况，为了收揽人心，巩固其统治，即位后便着手进行改革（《隋书·高祖纪》）。在立法上他提出要"以轻代重"，"尽除苛惨"。他指出自古以来没有一成不变的法，法应因时而宜，不要死守旧制。开皇元年（公元581年）杨坚即命高颎、郑译、杨素等制定新律。开皇三年（公元583年）"因览刑部奏，断狱数犹至万条，以律尚严密，故人多陷罪"（《隋书·刑法志》），又命苏威、牛弘等更定新律。这就是《开皇律》。按照隋文帝杨坚的上述指导思想，《开皇律》在"上采魏、晋刑典，下至齐、梁，沿革轻重，取其折衷"的基础上，对封建法律进行了一些重要改革。这些改革主要包括以下三点。

（1）在刑罚上，进一步废除了某些酷刑。中国封建法律中的酷刑，自战国、秦汉以来沿用已久，至北魏和北齐，法定死刑仍有轘（车裂）、枭首、斩、绞等四种，《开皇律》废除了车裂、枭首，保留了绞、斩。《开皇律》对死刑之外的其他刑罚也略有减轻，确定的刑名共有五种：①死刑二，绞、斩；②流刑三，一千里、一千五百里、二千里；③徒刑五，一年、一年半、二年、二年半、三年；④杖刑五，自六十至一百，每等加十；⑤笞刑五，自十至五十，每等加十。上述死、流、徒、杖、笞5种刑法，为隋以后的封建王朝所沿用。

（2）将《北齐律》的"十条重罪"发展为"十恶之条"。所谓"十恶"是指危害封建地主阶级政治统治和伦理道德的十种严重的犯罪行为。它是在封建法律的发展过程中逐步提出的。其中部分罪名，如大逆、不敬、不孝、不道等，在秦汉法律中已经出现，至北齐始形成"十条重罪"。《开皇律》在北齐律的基础上"颇有损益",进一步概括为"十恶之条"。有关"十恶"的规定,也为隋以后的封建法典所沿用。

(3) 肯定了官僚贵族的种种特权。其中包括"八议"、"减"、"赎"和"官当"等制度。《隋书·刑法志》:"其在八议之科及官品第七以上犯罪,皆例减一等,其九品以上犯者听赎。"《开皇律》还规定了各种刑罚的赎铜数:"笞十者铜一斤,加至杖百则铜十斤。徒一年赎铜二十斤,每等加铜十斤,三年则六十斤矣。流一千里赎铜八十斤,每等则加铜十斤,二千里则百斤矣。二死(绞、斩)皆赎铜百二十斤。"所谓"官当",即以官品抵应受之刑罚。"犯私罪以官当徒者,五品以上,一官当徒二年,九品以上一官当徒一年。当流者,三流同比徒三年。若犯公罪,徒各加一年,当流者各加一等。"(《隋书·刑法志》)从上述规定可以看出,官越高,钱越多,特权就越大。它充分表明了《开皇律》的等级特权性质。

正因为《开皇律》对封建法律进行了某些改革,所以就更能反映地主阶级的意志和要求,对以后的封建立法产生了巨大的影响。

2.《大业律》

《大业律》为隋炀帝杨广即位后颁行。据《隋书·刑法志》:"炀帝即位,以高祖禁网深刻,又敕修律令,除十恶之条。"《刑法志》还记载:"三年新律成,凡五百条为十八篇,诏施行之,谓之大业律。"《大业律》是谁编撰的呢?《玉海·诏令》:"大业二年十月,更制大业律,牛弘等造。"《隋书·刘炫传》:"炀帝即位,牛弘引炫修律。"由以上记载可知,《大业律》是隋炀帝命牛弘等编撰,颁行于大业三年,其用刑较《开皇律》有所减轻。

隋代除先后颁行《开皇律》和《大业律》之外,还先后颁行了《开皇令》《大业令》各30卷。从《唐六典·刑部郎中令》注记《开皇令》30卷的篇名看,内容主要是职官、选举、俸禄、礼仪和经济方面的法律规定。《大业令》篇目业已不存,其内容应与《开皇令》类似。

《开皇律》《大业律》均颁行于隋文帝和隋炀帝即位初年,一般来说,他们当时对形势都还能保持比较冷静的头脑,正确总结历史经验。不过,随着生产恢复,承平日久,在立法和司法上曾经指导隋统治者的思想日益淡薄。文帝末年,便由"慎刑恤狱"变为"喜怒不恒","用法益峻",甚至"命盗一钱以上皆弃市,或三人共盗一瓜,事发即死",致使"天下懔懔"(《资治

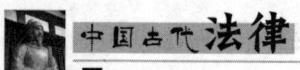

通鉴·隋纪二》）。隋炀帝目睹隋文帝晚年法令严酷产生的种种弊病，即位后曾减轻刑罚，但由于他骄横淫侈，赋敛无度，不久便置法律于不顾，大兴法外用刑。

隋炀帝"敕天下窃盗已上，罪无轻重，皆斩"。在他的支持下，"郡县官人又各专威福，生杀任情"。杨玄感起兵后，竟施九族之诛，"尤其重者，行轘（环）裂、枭首之刑，或磔而射之，命公卿已下脔瞰其肉"（《隋书·刑法志》）。隋炀帝的法外酷刑，不仅未能镇压人民的反抗，而且大大激化了与农民阶级的矛盾，加速了隋王朝的覆灭。

中国最早、最完整的封建法典：《唐律疏议》

《唐律疏议》即《永徽律疏》，是中国现存的最早、最完整的封建法典，由律文和疏议两个部分组成，共分12篇30卷502条。律文颁行于唐高宗永徽二年（公元651年），它是继承《北齐律》和隋《开皇律》的立法成果，经过唐初三代，在《武德律》《贞观律》的基础上制定成的。疏议，即对律文的解释。永徽三年，由长孙无忌、李绩等奉诏编撰，永徽四年颁行于天下。疏议与律文具有同样法律效力。

《唐律疏议》12篇的名称和基本内容是以下几个部分。

（1）名例律，共57条。名例律类似现代刑法的总则部分。其中规定了刑罚种类，分笞、杖、徒、流、死5种。名例律又规定了为维护封建专制主义统治必须严厉打击的十种重大犯罪，即"十恶"。打击的重点是危害封建专制统治和危害作为这个统治基础的封建伦常关系的行为。犯十恶罪者，官吏不得享受议请、减赎等封建特权，并为常赦所不原。

（2）卫禁律，33条。卫禁律是关于警卫宫室和保卫关津要塞的法律。疏议解释说："卫者言警卫之法，禁者以关禁为名，但警上防非，于事尤重，故次名例之下，居诸篇之首。"由此可以看出封建统治者对卫禁律之重视。

（3）职制律，59条。职制律是关于国家机构编制以及官吏的选拔、考核、分工和应遵守的纪律等方面的法律规定，类似现代国家的行政法。

（4）户婚律，46条。户婚律是关于户籍、土地、赋役、税收和婚姻家庭制度等方面的法律规定，包括现代法律中的民法和婚姻法的一些内容。户婚律还全面确认封建婚姻家庭制度，维护封建伦常关系。在家庭中家长有很大的权力，如夫殴妻减罪，妻殴夫加罪；子女婚姻完全由家长包办；子女不得别籍异财；家长可以任意惩罚子女、公开宣扬"笞捶不得废于家"，而子女对家长却只能绝对服从。它深刻地反映了封建家庭的等级特权关系。

（5）厩库律，28条。厩库律是关于牲畜饲养和仓库管理方面的法律规定。

（6）擅兴律，24条。擅兴律是关于发兵和工程兴造方面的法律规定。

（7）贼盗律，54条。贼盗律是关于保护封建地主阶级政治统治和财产权不受侵犯的法律规定。其内容包括现代国家刑法典中惩治政治和经济犯罪方面的内容。为了维护地主阶级财产不受侵犯，贼盗律对一般盗窃罪和强盗罪处刑也是很重的。一般盗窃罪，即使不得财也要笞五十，得布一尺杖六十，一匹加一等，五匹徒一年，五十匹加役流。强盗罪，不得财处徒刑二年，得一尺徒三年，十匹及伤人者绞，杀人者斩。州、县、乡、里境内有一个为盗或容留盗者，里正笞五十，三人加一等，并视具体情况追究州县官的责任。

（8）斗讼律，59条。斗讼律是处理斗殴和有关诉讼的法律规定。斗殴杀伤人相当于现代刑法中的伤害罪。斗讼律规定身份相同的人斗殴伤人，视殴伤具体情况处刑。斗殴杀人则绞，以武器或故意杀人者斩。身份不同的人，如庶民殴打官吏、贱民殴打良人、奴婢殴打主人、卑幼殴打尊长、妻妾殴打丈夫，加重处刑，但良人殴打贱民、主人殴打奴婢、尊长殴打卑幼、丈夫殴打妻妾，则减刑。在告诉方面，斗讼律规定，对于危害封建国家的严重犯罪，如谋反、谋大逆、谋叛等，强迫人民上告，知情不告者绞。除此之外的犯罪，一般人可以向官府控告，但对于卑幼、奴婢的告诉权法律则有种种限制。如严禁子孙控告父母、祖父母，严禁部曲、奴婢告主。在监狱囚禁的犯人无控告权，年龄在八十以上、十岁以下或笃疾者也无控告权。斗讼律以其具体规定突出表现了唐律的等级特权性质。

（9）诈伪律，27条。诈伪律是关于处理诈骗和伪造等方面的法律规定。其中，伪造皇帝玉玺、兵符、制书等惩罚最重。其余按照法律规定不应为官而诈求得官者，非正嫡不应袭爵而诈承袭爵者，以欺诈手段骗取财物者，妄认良人为奴婢、部曲、妻妾、子、孙者，无符卷而诈乘驿马者，诈称疾病以逃避徭役者，诈称祖父母、父母和丈夫死以求假和逃避役使者，均得依照罪行轻重处以不同的刑罚。值得注意的是，诈伪律对诉讼中的证人和法庭上的翻译如在作证和翻译中进行欺诈，致使对被告定罪不当，也要给予惩治。"诸证不言情,及译人诈伪,致罪有出入者,证人减二等、译人与同罪。"

（10）杂律,62条。杂律,疏议解释说,是"拾遗补阙,错综成文,班杂不同"。其内容正如篇名所标照的就是杂律。其中,有关于买卖、借贷和契约的规定,有关于度量衡及商品价格的规定,有关于惩治和私造贷币的规定,有关于堤防、水运、城市交通等方面的规定,有关于禁止赌博、医疗事故处理的规定,这些类似现代国家的经济法、交通法规的某些内容。此外,还有惩治关于强奸与和奸等方面犯罪的规定。强奸,妇女无罪;和奸,男女双方均予惩办。在处理奸情罪时同样也表现了唐律的等级特权特点,如奴奸主,部曲、杂户奸良人均加重处刑;卑幼奸尊长妻妾,非流即绞。

（11）捕亡律,18条。捕亡律是关于逮捕在逃犯、丁役、士兵和奴婢的法律规定。

（12）断狱律,34条。断狱律是关于司法审判及监狱管理方面的法律规定。

以上内容可以看出,《唐律疏议》是一部诸法合体的综合性法典。它维护封建专制主义中央集权的政治制度,维护以封建土地制度为中心的封建剥削制度,维护封建等级特权制度,维护以伦常关系为纽带的封建家族制度。它是封建地主阶级镇压与束缚广大农民的得心应手的工具。正因为如此,《唐律疏议》被唐以后历代封建统治者所推崇,并成为宋、明、清等朝代立法的楷模,对我国封建社会产生了重要影响。

"十恶"与"八议"

所谓"十恶",是中国封建刑法中对于十种最严重的犯罪之总称。这一制度首创于北齐,但当时称为"重罪十条",尚未直称"十恶"之名。隋朝开皇元年更定新律,将北齐创制的"重罪十条"稍加增减,正式称为"十恶",特标于篇首。《唐律》完全继承了《隋律》中的十恶罪名,并进一步对其做了明确的注释。

一曰"谋反"。谓谋危社稷,是指图谋危害君位与政权的犯罪。

二曰"谋大逆"。谓谋毁宗庙、山陵及宫阙,是指图谋毁坏皇宫、宗庙及陵墓的犯罪。

三曰"谋叛"。谓谋背国从伪,是指图谋叛国投敌的犯罪。

第五章　魏晋至隋唐时期的法律

四曰"恶逆"。谓殴及谋杀祖父母、父母，杀伯叔父母、姑、兄姊、外祖父母、夫以及夫之祖父母、父母。因此类行为是对五服内的至亲自相杀戮，绝弃人理，故称为"恶逆"。

五曰"不道"。谓杀一家非死罪三人，支解人，造畜蛊毒、厌魅，是指杀人情节特别严重，或以阴邪鬼魅伎俩害人，故称为"不道"。

六曰"大不敬"。谓盗大祀神御之物、乘舆服御物；盗及伪造御宝；合和御药误不如本方及封题误；若造御膳误犯食禁；御幸舟船误不牢固；指斥乘舆、情理切害及对捍制使而无人臣之礼。由于此类行为直接侵害了皇室或危及皇帝的安全，故称为"大不敬"。

七曰"不孝"。谓告言、诅詈祖父母、父母，及祖父母、父母在，别籍异财，若供养有缺；居父母丧，身自嫁娶，若作乐，释服从吉；闻祖父母、父母丧，匿不举哀；诈称祖父母、父母死。此类行为违背了为人子者应当孝敬父母的义务，故曰"不孝"。

八曰"不睦"。谓谋杀及卖缌麻以上亲，殴告夫及大功以上尊长、小功尊属。此类行为皆属于族亲相犯，影响家族和睦，故称为"不睦"。

九曰"不义"。谓杀本属府主、刺史、县令、见受业师。吏、卒杀本部五品以上官长；及闻夫丧匿不举哀，若作乐，释服从吉及改嫁。此类行为均属以下犯上。违背了"以义相从"的道德规范，故称为"不义"。

十曰"内乱"。谓奸小功以上亲、父祖妾及与和者。亲属之间犯奸，类似于禽兽行，它导致血亲关系的紊乱，故称为"内乱"。

以上十种犯罪，被认为是

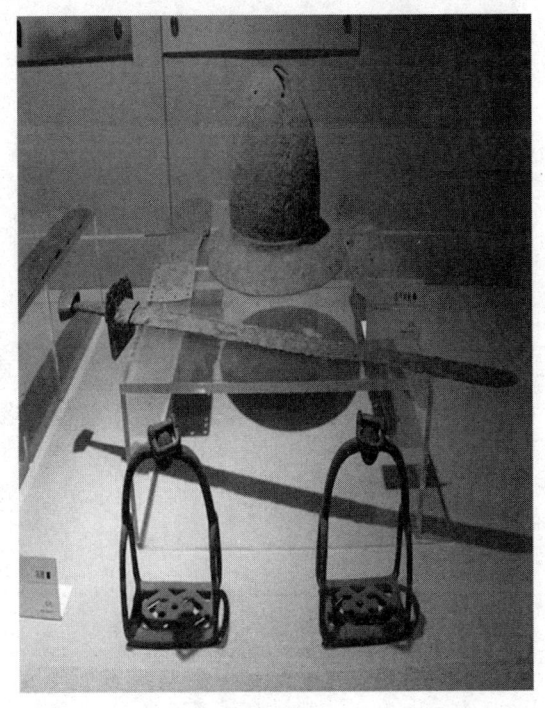

古代兵器

直接危害封建统治秩序的最严重之犯罪，故特标于律典之篇首，以为明戒。凡此"十恶"重罪，往往遇赦也不予原宥。故俗称"十恶不赦"。

"十恶"中的许多条款，大都涉及伦理道德方面的问题，有的则根本不应视为犯罪（例如，夫死改嫁之类），但《唐律》将其一概看作重罪，这恰恰体现了封建法制中礼法合一、礼刑并用的立法原则。"出于礼则入于刑"，表明封建统治者正是要用刑法的强制力来维护封建的伦理道德规范，以确保建立在礼教基础上的封建统治秩序。

所谓"八议"，是中国历代律法明确赋予贵族官僚等八类显要人物以超越于常法之特权的制度。这一制度最早见于《周礼》，名曰"以八辟丽邦法"，即八类特殊人物中犯有死罪者，对其规定特殊的程序以减轻其处罚。秦、汉法律中虽有类似的规定，但没有概括简明的表述。至三国时期的魏律，定名为"八议"，正式成为刑事诉讼中的一项制度，后来在《唐律》中做了进一步明确的规定，分为以下内容。

一曰"议亲"。其对象包括皇帝、皇后的直系及旁系亲属。

二曰"议故"。其对象主要是皇帝旧时的朋友，如曾陪侍其读书、习武者之类。

三曰"议贤"。其对象为贤人君子，有大德行者，诸如后人谓之绅士、社会名流之类。

四曰"议能"。其对象为有大才艺的能人、巧匠一类。

五曰"议功"。其对象是立过大功的战将、功臣之类。

六曰"议贵"。其对象为三品以上的职事官或二品以上的散官，以及封为国公以上的大贵族。

七曰"议勤"。其对象是指曾对皇帝和国家有过重大劳绩或经涉险难者。

八曰"议宾"。其对象一般是指前朝元老被当朝尊为国宾者。

以上八种显贵要人，"简在帝心，勋书王府"，若犯有死罪，司法机关不得自行处断，须具状奏报皇帝，由皇帝交公卿们都堂集议，议定奏裁，或可免其死刑，故曰"八议"。若犯流罪以下，因罪不至死，自可不必奏请皇帝决断，应依律例减一等处置。但如其所犯属于十恶重罪，则死罪不得上请，应处流刑以下者不得减罪。

第五章 魏晋至隋唐时期的法律

知识链接

超越法律的免死金牌

古时的皇帝为了使臣子归顺自己，确保臣子对自己忠心，用来维护自己的统治地位，常常把一些带有奖赏与盟约性质的凭证赐给自己的功臣和忠臣，用来表示对其的宠幸，这些凭证相当于现代普遍流行的勋章（或奖章），只是其形制有点不同，内涵也比较宽泛而已。其中，有一些凭证显得十分特殊，皇帝为了嘉奖一些功臣的杰出贡献，它上面的文字主要记录受赐者的显赫功勋，歌颂他的美德，是镌刻在铁制的器物上，赋予了功臣所在家族以后一旦犯下杀身之罪时，可以免去刑责，这种凌驾于法律之上的特权通过皇帝授予一定的凭证来具体体现，达到向全社会的公示作用，这种凭证，便是家喻户晓的丹书铁券。

我国古代的"丹书铁券"制度开始于汉代。根据史料记载，汉高祖刘邦当了皇帝后，为了维护自己的统治拉拢功臣，颁给元勋"丹书铁券"当作褒奖。刘邦初建汉王朝时，"命萧何次律令，韩信申军法，张苍定章程，叔孙通帛礼仪；又与功臣剖符作誓，丹书、铁契、金匮、石室，藏于宗庙"，这是关于丹书铁券的最早记录。其中的"符"即通常所说的"契"，也就是指皇帝与功臣、重臣之间信守承诺的凭证。"丹书、铁契、金匮、石室"，就是指将皇帝和功臣、重臣的誓言用丹砂写在"铁券"上，装进金匮藏在用石头建成的宗庙内，用来表示郑重与保证"铁券"的安全。

第二节
魏晋至隋唐时期的法制人物

乱世奸雄：曹操

曹操（公元155—220年），字孟德，沛国谯县（今安徽亳州）人。东汉末年，群雄并起，军阀混战，民不聊生。曹操以卓越的政治和军事才能，"挟天子而令诸侯"，统一了中国的北方，创建了三国中最强的魏国，奠定了全国统一的基础。史书说他"揽申、商之法术，该韩、白之奇策"（《三国志·武帝纪》）。在法律思想上，他虽归本于儒家，但与先秦法家的学说也有着明显的继承关系。

曹操的法律思想是适应当时反对割据、统一天下的战争需要而产生的。经过黄巾起义巨大浪潮的冲击，东汉王朝的统治已经分崩离析，封建军阀割据残杀，战乱四起，使社会生产力受到巨大破坏，整个社会陷入一片崩溃混乱状态。摆在曹操面前的历史任务，就是要通过战争，实现统一，拨乱反正，恢复统治秩序，为了完成这一任务，他提出明确的治国方针。他

曹操画像

说:"治定之化,以礼为首;拨乱之政,以刑为先。"(《三国志·高柔传》)又说,"治平尚德行,有事赏功能。"(《三国志·武帝纪》)还说,"吾在军中持法是也。天下尚未安定,未得遵古也。"(《曹操集》卷三)这些都表明,曹操既尚刑,又崇礼,他主张礼、刑兼用,不过因时局的不同在运用上随时有所偏重罢了。在当时"乱世"的历史条件下,他在坚持礼治的同时,对实行封建法治也是极为重视的。

曹操的"法治"思想首先表现在他极力倡导"以法治军"。曹操的大半生是在战争中度过的,为了顺利地进行战争,提高军队的战斗力,必须实行严明的军纪。曹操认为:"明赏罚,虽用众,若使一人也"(《孙子·九地篇》注),"善用兵者,先自修治为不可胜之道,保法度不失,敌之败乱也"(《孙子·形篇》注)。这就是说,只有"保法度""明赏罚",才能使军队万众一心,立于不败之地。他特别重视刑罚对维持军纪的作用,指出:"但赏功而不罚罪,非国典也"(《三国志·武帝纪》),"恩信己给,若无刑罚,则骄惰难用也"(《孙子·行军篇》注)。基于此,他制定了《军令》《船战令》《步战令》等一系列军事条令,强调"设而不犯,犯而必诛"(《孙子·计篇》注),并"选明达法理者,使持典刑"(《三国志·武帝纪》)。他在实践中,也确实是"有犯必戮,或对之流涕,然终无所赦"(《资治通鉴·卷六九》)。曹操之所以能以军事行动统一北方,同他以严法治军是分不开的。

曹操的法治思想还表现在用人方面。他说:"明君不官无功之臣,不赏不战之士"(《三国志·武帝纪》)。为了适应当时的政治和军事斗争需要,他敢于打破以"德行"用人的传统做法,主张唯才是举、用人唯贤,大胆地提出要选拔"不仁不孝而有治国用兵之术"(《三国志·武帝纪》)的人。他对那种用人只讲究出身门第和虚伪的"德行""名节"不重才能的主张进行了严厉驳斥,认为那是一种迂腐之见,指出:"未闻无能之人,不斗之士,并受禄赏,而可以立功兴国者也。"(《三国志·武帝纪》)从"赏功任能"的思想出发,他注意从基层和实际斗争中选拔人才,像于禁、乐进、张辽、徐晃等这些显赫一时的名将,有的就是从士兵中提拔的,有的则是从战俘中挑选出来的。

以严肃刚正的态度对待法律,是曹操一生中始终坚持的。他早年做官时,就执法不避豪强。曹操20岁那年,在被任命为洛阳北部尉后,就制造了几十根五色棒,挂在官府大门两旁,专门惩办恃势犯禁的人。"有犯禁者,不避豪强，皆棒杀之。"蹇硕是汉灵帝宠幸的宦官，其叔父恃势犯禁夜行，被曹操遇见，抓获处死。从此，"京师敛迹，莫敢犯者"（《三国志·武帝纪》）。他赏罚严明，在任济南国相时，所属十余县的县官，"多附贵戚，脏污狼藉"，以前历任国相都畏惧权势，无所举发，曹操到任后，坚决地罢免了八个包庇豪强的县官。于是，"小大震怖，奸宄遁逃，窜入他郡，政教大行，一郡清平"（《三国志·武帝纪》）。在他当政以后，更是恭行赏罚，"勋劳宜赏，不吝千金，无功望施，分毫不与"（《资治通鉴·卷六九》）。他带头遵行法律，曾留下了有名的"割发代首"的故事。一次行军途中，他经过麦田，为了保护老百姓的庄稼，他下令："士卒无败麦，犯者死。"骑士们都下马扶麦而行。这时，他骑的马忽然跃入麦中，他立即让军中主簿议罪。主簿认为，"春秋之义，罚不加尊"。他对这一回答很不满意，说："制法而自犯之，何以帅下？"由于自己是军中主帅，不可自杀，于是他便断发自刑，持剑割发置地（《资治通鉴·卷六九》）。"以发代首"，并非儿戏。在古代，断发是刑罚的一种，称为"髡"。据考证，在秦汉时期，"髡"是轻于肉刑的一个刑种，有时作为徒刑的附加刑，有时也单独使用。曹操制定的《魏武军令》中也规定了"违令者髡翦以徇"的条目，可见当时还保留这一刑种作为违犯法令的一种惩罚方法。曹操"断发自刑"，是郑重其事的。过去有的人不解其意，把这视为"权术"而加以责难，实是一种误解。

在封建社会里，片面崇尚重刑的地主阶级政治家历来不乏其人，曹操就是其中的一个。他"用法峻急"，常常发布重刑法令，不仅用以治军，而且用以治民。在当时战乱的历史条件下，用重刑严明军纪，是有必要的，但曹操却把重刑推广到社会生活的其他方面。比如"旧法；军征士亡，考竟其妻子"，曹操"患犹不息，更重其刑"。用株连家属的办法防止军士逃亡，就进一步加重了人民的灾难。片面地强调重刑，曾多次使曹操陷入进退维谷的地步。例如，在同袁谭作战时，需要征发力役"椎冰以通船"，曹操下令，凡逃避力役者"不得降"，即一律处死。后来，有的逃避力役者前来自首，怎么处理呢？不杀，就意味着命令失效；杀，又违背了宽待自首的原则。"听汝则违命，杀汝则诛首。"（《资治通鉴·卷六九》）曹操进退两难，只好告诉这个自首者回家躲起来。曹操还曾下令讨论恢复在汉初废止的肉刑，结果由于"议者以为非悦民之道"，这件事才被搁置起来。但从这里也反映出他是倡导重刑主义的。应该指出，作为一个有作为的地主阶级政治家，曹操从完成统一大业的大局出发，不固执己见，择善而从，是他的一个长处。在恢复肉刑的问题上，他便是采纳了反对者的意见，没有实行。在上面谈到的用重刑制止军士逃亡的问题上，他也是听从了高柔的劝告，改变了做法。由于他能听取不同意见，及时终止了一些错误的决定，就多少缓和了"用刑峻急"所造成的社会后果。他在"遗令"中总结说："吾在军中持法是也。至于小忿怒，大过失，不当效也。"（《曹操集》卷三）看来他对自己"持法峻急"的过失也是有所觉察的。

诸葛亮依法治国

诸葛亮，字孔明，号卧龙，汉族，琅琊郡阳都人，三国时期蜀汉丞相，杰出的政治家、军事家。

在世时被封为武乡侯，谥曰忠武侯。后来的东晋政权为了推崇诸葛亮的军事才能，特追封他为武兴王。代表作有《前出师表》《后出师表》《诫子书》等，还发明了木牛流马、孔明灯等。诸葛亮在后世受到很大的尊崇，成都有武侯祠，大诗人杜甫也有赞扬诸葛亮的《蜀相》名篇传世。

作为政治家和军事家的诸葛亮早已被历代史籍所称颂以及被后代各阶层人士所推崇，但他作为一位杰出的思想家和成功的法治实践家的巨大成就，却尚未被人们广泛地熟识接受。

作为具有儒家政治文化思想的诸葛亮，在东汉末年诸侯争立的乱世，在他跟随刘备辗转创业和托孤辅政，治理蜀汉的政治和军旅生涯的20余年中，形成"德主刑辅"为主，仁政与法治并举，恩德与威严兼用的以正统儒家思想为核心、法家思想为手段的完整思想体系。他的内儒外法、厉行法治、适势定法、执法严明、宽严有度、刑不择贵等立法精神和执法准则，既是其思想体系的重要内容，也是其法治思想的明显标志。

虽然诸葛亮在刘备集团很早就居于高位，但真正掌握大权，成为实质上的"一把手"是在刘备去世之后。

夷陵之战后，蜀汉内外交困，形势愈加危急。曹魏从北方窥视，欲乘蜀之新败加以攻灭；孙吴扼守荆州，使诸葛亮不能东向。以匡扶汉室旗号起家的蜀汉苟安一方，进退两难。内部各利益集团之间的矛盾越来越错综复杂，特别是益州旧地势力待机而行，树欲静而风不止，领受先主遗诏的诸葛亮十

诸葛亮雕像

分清楚当时的局势。

面对如此严峻的形势,推行法治、增强国力、巩固政权已成为蜀政的迫切要求,诸葛亮这时总揆百官、独担大任所面临的任务就十分艰巨。同时,也应看到,正是因为局势的危殆以及修明政治的难为,方显出诸葛亮的英雄本色,其封建法治才在历史的长河中留下可贵的亮点。

建国之初,诸葛亮受刘备之命,会同法正、刘巴、李严、伊籍等共造《蜀科》,开始了立法工作。由于文献无证,我们今天已无从知晓《蜀科》的具体内容。不过,有学者利用其他材料进行了推测,我们可以据此窥知《蜀科》的大略情况与诸葛亮的思想相一致。同时,诸葛亮还曾作"八务、七诫、六恐、五惧",皆有条章,以训厉臣子。

治军方面,则在《武侯兵法》中立有"轻、慢、盗、欺、背、乱、误"七禁,并且对这"七禁"做了详细的说明,有此者斩之。这样,诸葛亮的法治政策就有了法律条文上的保证,首先做到了有法可依。

诸葛亮急症猛药,重典治国,时人讥为"惜赦",即在赦免他人罪行方面十分吝啬。面对这种非议,诸葛亮溯古察今,阐明随便赦宥的危害,要求赦不妄下,体现了其法治的严肃性。

诚然,赦宥作为调整社会矛盾的一种手段,有时也会起到收拢人心、稳定社会的作用。但是,如果不严明法治、公平赏罚,而只寄希望于通过频繁的赦免来求得臣民归心,那只能是舍本逐末,根本无法消除固有的矛盾,反而会使情况变得更加糟糕。历史上这类教训很多,诸葛亮之前的刘表如此,其后的后主刘禅也是这样,这也就是老祖宗"刑乱国用重典"政治智慧的最

第五章 魏晋至隋唐时期的法律

好体现。

诸葛亮以用法严峻著称,但奇怪的是,被诸葛亮"严刑峻法"惩罚过的人却都在听到诸葛亮去世时垂泪涕零。为什么会导致这样的结果呢?现在就研究一下诸葛亮可贵的执法精神与方法。

如我们都熟知的"挥泪斩马谡"就是一个很具代表性的例子。

据《三国志》及裴松之注,诸葛亮与马谡关系非常好,在平定南部的少数民族时,马谡还曾提出过极有益的建议,马谡是诸葛亮极为看好的青年才俊。

但是因街亭的失责,诸葛亮坚决地依法将其处死。另外,在他死后,诸葛亮又"亲自临祭,待其遗孤若平生",以至于使"十万之众为之垂涕"。再从诸葛亮整个政治上看,他在蜀国以"立法施度""科教严明"著称,所谓"尽忠益时者虽仇必赏,犯法怠慢者虽亲必罚,服罪输情者虽重必释,游辞巧饰者虽轻必戮"。

他的这种做法,得到百姓的拥戴。据陈寿说,诸葛亮死后,"黎庶追思,以为口实。至今梁、益之民,咨述亮者,言犹在耳,虽《甘棠》之咏召公,郑人之歌子产,无以远譬也"。

何以会如此呢?陈寿总结说:"刑政虽峻而无怨者,以其用心平而劝诫明也。"又引孟子的话说:"以逸道使民,虽劳不怨;以生道杀人。虽死不忿。"所谓"用心平"亦即"开诚心,布公道",就是清楚地表明严格的执法,是出于国家的利益,而非出于私心私利;所谓"劝诫明""以逸道使民""以生道杀人",就是对被处罚者来说,也使他能清楚地明白,严格地执法,是从根本上对他的关爱和维护。

在马谡被斩之后,诸葛亮未株连其家人,而是将马谡的后代视若己出,安顿好马谡家人的生活,他实现了"情"与"法"的完美交融,其人性的光辉由此可见。

在一个本质上"非法治"的时代,诸葛亮能够"依法治国",如同淤泥之中盛开的莲花,十分了不起。诸葛亮不但做到了保证法律的正常运行,坚决贯彻用法律来治理国家,还做得非常好,数千年历史,只此一家,别无分号。

陈寿评价诸葛亮是"用心平而劝诫明"。"用心平"就是公平,"劝诫明"就是公开,公平、公开,也就公正。虽然诸葛亮用法严厉,却造就了一个三

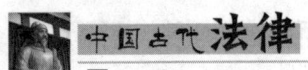

国中治安最好的国家,他不仅是一位伟大的政治家,他的法律智慧也值得后人去学习。

敢于犯上的状元法官

作为我国古代最重要的人才选拔体制,科举制度从隋朝大业元年(公元605年)开始实行,到清朝光绪三十一年(1905年)举行最后一科进士考试为止,经历了1300年。

"状元"是中国科举制度诸多名词中最光彩、最炫耀的一个。始创于唐代,完备于宋代,延续至元、明、清,长达1300年的历史。进士第一名为状元。

孙伏伽,贝州武城(今河北清河)人。生年不详,卒于唐高宗显庆三年(公元658年)。唐高祖武德五年(公元622年)壬午科状元,为唐代第一科

状元及第牌匾

第五章 魏晋至隋唐时期的法律

状元，也是我国历史上第一位状元。

公元618年，隋朝国戚李渊在晋阳易帜，起兵反隋。不日长安即克，唐政府定都于此。孙伏伽顺应时势，投奔到李渊麾下。

唐朝平定天下后，李渊颁布了大赦令。但是不久之后，李渊又要处罚农民起义军的将领。孙伏伽进谏说，"王者无戏言"。往昔攻打天下时，应该随机应变，现在四方已定，应该制定法律与天下人共同遵守。"法者陛下自作，须自守之"，这样天下百姓才能相信而畏惧。"兵食可去，信不可去"，自己做事不讲信义，而要天下的人相信你，怎么可能呢？李渊闻言大悦，赏赐孙伏伽锦帛三百匹。

而后，孙伏伽竟以从六品官员的身份，请求参加唐王朝首次"进士试"。大家都认为这是自讨苦吃，孙伏伽却说："我现在工作如鱼得水，全仰仗圣上的恩宠提携。可是人非圣贤，孰能无过。倘若自己他日不慎犯了错误，成为庶民，也依然可以凭借本朝进士的身份，投考吏部，东山再起。"闻者无不被他的就业远见折服。李渊听说之后，也十分感动，特旨恩准孙伏伽参加只有生徒和乡贡才能报考的"进士试"。接下来，在唐朝政府举办的科举角逐中，孙伏伽再次脱颖而出，被主考官申世宁判为第一，中国历史上有文献记载的首位状元就这样诞生了。

唐太宗李世民即位后，知人善任，将孙伏伽升任少卿。

唐太宗在继位之前，南征北战，经常打仗。后来天下太平了，无仗可打，于是就迷上了打猎，几天不打猎心里就难受。

孙伏伽在办案之余，发现唐太宗特别喜欢骑射打猎，又上书谏诤说："陛下走马射帖，娱悦近臣，此乃少年诸王之所务。岂能既为天下，今日犹行之乎？陛下虽欲自轻，其奈天下社稷何！"

唐太宗读后很是赞赏，说："卿能言朕失，朕能改之，天下庶有谬乎？"孙伏伽一听，胆气更足了，居然当面"逆龙鳞"起来。

一天，唐太宗又要去打猎，他领着几个侍卫，背弓插箭，带着猎鹰和猎犬，正要出发。这时孙伏伽匆匆赶来，一把拉住马缰说："陛下打猎，游戏林中，骑马射箭，没有必要的保护措施是很危险的。一旦有个三长两短，谁来主持政务？劝陛下为了国家百姓，不要贪图一时痛快，任着性子干这种无益的营生。"

正在兴头上的唐太宗好像被人当头泼了一盆冷水，又扫兴又尴尬，真是气不打一处来。但是，他又不想破坏大唐王朝虚心纳谏的传统，于是，就耐着性子说："我今日闲着无事，又不贪恋女色，只喜好打猎，想借机会出去走走。再说我打猎都绕着村庄，从不惊扰百姓，另外侍卫也带了十来个，你还有什么不放心的？"

说完就要登鞍上马，并向随从挥挥手，准备出发。

哪料到，孙伏伽把马缰绳绕在腰间，跪在马前说："陛下今天出门，就请从老臣身上踏过去，我愿意用死换取皇上对诚实忠告的采纳。"

唐太宗大怒，说："我本来认为你是一个诚信勇敢的人，能够以诚言进谏，不好损你颜面，哪知你却不知好歹，目无高低，限制起我的行动来了。我连这点儿事都做不了主，还当什么皇帝？来人，把他给我拖出去斩了。"

几个高大强壮的武士立刻闻声而来，把文弱的孙伏伽像抓小鸡一样抓在手里。孙伏伽面无惧色地说："夏朝的关龙逢因直言进谏而被杀，我情愿和他在九泉之下相见，也不愿意再侍奉你了。"

这时，唐太宗笑了，说："我不过是试一试你的胆量，你还真是一个诚信有勇的君子，有你真是大唐王朝的福分啊！好，那朕今天就不出去了。听说你棋艺很高，朕要和你下一盘，享受一下和高手下棋的快乐。"

不久，唐太宗封孙伏伽任谏议大夫。

有一次，在与大臣聚会时，唐太宗问张玄素是什么出身？张玄素在隋朝时当过小吏，在唐朝人眼中，小吏是十分卑微的人，张玄素也为之惭愧，一时答不出话来。孙伏伽立即提醒唐太宗说："陛下，您好像在羞辱别人。"唐太宗顿时意会到张玄素出身低微，就当众向张玄素道歉。贞观十二年（公元638年），唐太宗提拔孙伏伽担任大理寺正卿。

孙伏伽一生为人忠直诚恳，敢于直言上谏，有魏徵之风。其性格宽宏大量，处事从容，宠辱不惊。拜治书侍御史时，自己先从朝中得旨，归家后秘而不宣，待朝廷制文到来，合家狂喜而孙伏伽若无其事。

孙伏伽曾说过一句很有名的话："赏罚之行，无贵贱亲疏，惟义所在。"这句话记载于《新唐书》卷一百三——《孙伏伽传》，是孙伏伽在劝告唐太宗执行法律要一视同仁时说的一句话。此话的大意是说：国家进行奖赏和处罚，不分贵贱亲疏，唯一的标准是正义国法。这反映了孙伏伽执法护法的可贵精神。

第五章　魏晋至隋唐时期的法律

唐朝福尔摩斯：狄仁杰

狄仁杰，字怀英，唐代并州太原人，唐（武周）时杰出的政治家。在他身居宰相之位后，不畏权贵，辅国安邦，对武则天弊政多所匡正，可谓推动唐朝走向繁荣的重要功臣之一，后人称其为"唐室砥柱"。

与其他宰相级的大政治家不同的是，狄仁杰还以擅长法治而名世。唐高宗仪凤年间，狄仁杰升任大理丞，他刚正廉明，执法不阿，兢兢业业，一年中判决了大量的积压案件，涉及1.7万人，无冤诉者，一时名声大振，成为朝野推崇备至的断案如神、摘奸除恶的大法官。

有关狄仁杰亲身参与诉讼断狱的事件，在《旧唐书》上有记载，最著名的就是断"权善才（大将军）误砍昭陵柏"案件。据载，权善才时任武卫大将军，误砍了昭陵（李世民陵墓）上的柏树，这个在今天看来只需处以罚款的事却被唐高宗李治无限"上纲上线"，说什么使他（唐高宗）不孝，要杀权善才。狄公据理力争，以律法为依据，以委婉却不失力度的议论语言为武器与唐高宗辩论，最终以"明主可以理夺，忠臣不可以威惧"以及"臣闻逆龙鳞，忤人主，自古以为难，臣以为不然。居桀、纣时则难，尧、舜时则易"这样两方都可接受的语言化解了这场诉讼，救了大将军权善才的性命。

第二件则是"智斗来俊臣"。这次是狄公入狱，为自保而为的。武后称制，重用周兴、来俊臣等人施以酷吏。他们罗织罪名，陷害残杀李唐旧臣，狄仁杰亦未能幸免。他入狱后，为避免来俊臣等人施以酷刑，先承认了自己谋反的事实，而后以天气变化，送冬衣让家人取出棉花为由，写下血书，上呈武皇。毕竟，武后是相信狄仁杰的，经过一番讨论，狄公终于脱险，被贬彭泽令。

狄仁杰塑像

中国古代法律
ZHONG GUO GU DAI FA LV

狄仁杰任侍御史期间，负责审讯案件，纠劾百官。任职期间，狄仁杰恪守职责，对一些巧媚逢迎、恃宠怙权的权要进行了弹劾。调露元年（公元679年），司农卿韦弘机作宿羽、高山、上阳等宫，宽敞壮丽。狄仁杰上奏章弹劾韦弘机引导皇帝追求奢靡，韦弘机因此被免职。左司郎中王本立恃恩用事，朝廷畏之。狄仁杰毫不留情地揭露其为非作歹的罪行，请求交付法司审理。唐高宗想宽容包庇王本立，狄仁杰以身护法："国家虽乏英才，岂少本立辈！陛下何惜罪人以亏王法。必欲曲赦本立，请弃臣于无人之境，为忠贞将来之戒！"王本立最终被定罪，朝廷肃然。

知识链接

依法不依皇帝之言

贞观元年九月，朝廷广泛征集选拔人才，其中有不少人冒充名门望族，通过弄虚作假来骗取官职。唐太宗下达命令叫这些人投案自首，若是不自首就会被处以死刑。时隔不久便查出一个假冒的人来，大理寺少卿戴胄把他按照流刑处罚。唐太宗说："我下发命令是要对不自首的人处以死刑，你却仅仅判他流刑，这就意味着我失信于全国人民！难道你想抗旨枉法吗？"戴胄回答说："陛下假如查出后马上判处其死刑，那不是我可以掌管的事。如今交付给大理寺查办，我只好按照法律办事了。"唐太宗说："你坚持依照法律处理，难道让我失信于天下吗？"戴胄说："法律才是一个国家在全国树立威信的大事件，陛下的话只是凭借一时的喜怒讲出来的！陛下因为一时愤怒便要处死那些假冒的人，陛下已经知道那样判处是不符合法律规定的，就应该依照法律规定判处流刑，这样做只是让陛下忍一时的愤怒，但是维护了国家法律的尊严。假若陛下置国法的威信于不顾，决意意气用事，我很为陛下的圣明担忧啊。"唐太宗听后说："我冲动之下下达的命令有欠妥当，你已经帮助我改正过来，我还有什么值得忧虑的呢？"

第三节
魏晋至隋唐时期的法律思想

一、魏晋律学家的法律思想

律学家的法律思想虽然不尽相同，各有侧重，但总体来说不外乎两大内容：第一，对正统法律思想的继承；第二，是在修律过程中，对正统法律思想的某些内容加以修正和补充，使正统法律思想在新形势下得以发展。

律学家一般来说都是正统法律思想的忠诚继承者。在玄学家、政治家、少数民族改革家诸派之中，律学家专注于对法律的研究，坚持正统法律思想的基本原则与体系。律学家大都既"通经"又"明律"，经律兼治，将汉以来的礼律融合趋势推向了深化。

张斐以为律应该体现礼的精神，一部律典应是礼法合一的完美体现。他解释《晋律》之所以采用以《刑名》篇为首、《诸侯》篇为末这种体例，意在体现"王政布于上，诸侯奉于下，礼乐抚于中"的原则。"礼乐抚于中"即以礼乐贯穿《晋律》各个篇章，以达到礼法合一，以礼率律的原则。张斐这一对《晋律》体例的阐发，继承了正统法律思想礼律融合、纳礼入律的内容。

杜预在注律时，同样注意到"网罗法意，格之以名分"。所谓"名分"，便是儒家提倡的尊卑等级制，正统法律思想将之概括为"三纲"。"格之以名分"就是要以三纲为宗旨来解释法律的精神所在，礼是律的指导与灵魂。

刘颂是一个重刑论者，但他不因此而轻视礼的作用。相反，他强调法律必须以"尽理"为标准，若不"尽理"则须修改之。刘颂的"理"与张斐所言的"礼乐"、杜预所言的"名分"一样，即道德伦理纲常。刘颂强调对

"尽理"之法必须严格遵守,"行之信如四时,执之坚如金石"。在刘颂看来,"原心定罪""法外之仁"皆为法末"尽理"时的产物,《晋律》即合礼法为一体,那么遵守了法律就等于遵守了礼教。相反,破坏了法律亦等于违背了礼教。刘颂严于执法思想的落脚点在以法弘扬礼教。

律学家皆以法律为御用工具,认为法令必须维护君主的独尊地位。出于维护君权的需要,律学家力主将立法权收归朝廷,立法权统一于天子,以此杜绝汉末以来政出多门、天下纷争、皇权衰微的局面。

杜预直截了当的提出:"法出一门,然后人知恒禁,吏无淫巧,政明于上,民安于下。"只有统一立法,人们才知道法律的权威,官吏无法曲法弄巧,以此达到国泰民安。所谓"法出一门",就是要将立法权归于皇帝,将法律作为皇帝的御用之器。

律学家对正统法律思想的继承,不只是停留在理论上,而且体现于修律的实践中。《晋律》中的一些罪名体现了违礼入律的原则,如"亏礼废节谓之不敬""陵上僭贵谓之恶逆""违忠欺上谓之谩""逆节绝理谓之不道"等。这种将理论用于实践的风尚为后世立法者所继承,隋唐时正统法律思想的法典化便是这种风尚延续发展的结果。

在忠实地继承正统法律思想的同时,律学家根据时代的变化、律学的发展,不失时机地对正统法律思想的内容进行了补充、修正,从而使正统法律思想得到进一步的发展。

总结以往的经验,律学家认为法律执行的顺利与否,立法的优劣起着举足轻重的作用。立法合理,法律的执行就顺利。立法违于理,法律在执行中必然会差错百出。以往立法有两大弊端:一是礼律结合得不十分贴切,以致产生礼、法对立的现象;二是法令过于繁杂,以致前后矛盾,使官吏不知所守,民不知所避。

针对以上两个弊病,律学家提出了对策。首先,张斐提出进一步融合礼法,使礼成为用刑的准则,即"理直刑正"。此处的"理"是法之理、律之理、刑之理,亦是万事之理。张斐说"夫理者,精玄之妙,不可以一方行也",这就说明张斐之"理"是无处不在的事物发展规律。在中国古代社会中,伦理发达,万物之理归结为一点就是做人之理,而做人之理即为"三纲五常"。"理直",即纲常名教大兴;"刑正"即用刑准确无误。在张斐看来,用刑须以兴礼教为前提,如此才能达到用刑的目的。正如孔子所言"礼乐不兴，则刑罚不中"。其次，律学家都主张立法须削除烦苛，简明易知。张斐明确指出，《晋律》的首篇《刑名》实为律典之"纲领"，体现了法之"理"，这一篇设置目的，意在使人们明白法律宗旨、原则之所在，其可"经略罪法之轻重，正加减之等差，明发众篇之多义，补其章条之不足"，其可以简化法律条文，突出"理"的指导作用。因此，简明法条，实为"理直"的必要措施。杜预对汉以来"法令滋章，巧饰弥多"的状况进行了抨击，他认为"刑之本在于简、直"。律典是国之大法，不是说教论理之书，因此应以准确、易懂、简明为立法标准。只有简单、准确，人们才能记住法律的要求，法律才能发挥效用。也只有简单、准确，天下人尽知，贪官污吏才无法钻法律的空子，鱼肉百姓。刘颂同样主张立法须简明扼要。他认为只有简明扼要的法律才易于人们遵守。如果立法过于繁密，常常会本末倒置，严惩了微小的犯罪，而脱漏了害政的大奸。如此，法律不仅无法树立权威，反给人以"苛政"的恶劣印象。他提出立法须"简而不漏""大罪必诛"，如此可以保持法律的权威，也可以"为政不苛"。

唐太宗的法律思想

唐太宗李世民（公元599—649年），是中国封建社会屈指可数的开明君主，是古代一位杰出的政治家。他是唐高祖李渊的次子，祖籍陇西狄道（今甘肃临洮县），生于隋开皇十九年，卒于唐贞观二十三年。在隋末农民战争的浪潮中，他和他的父亲李渊一起领导并建立了唐王朝，李渊为开国皇帝。后因发动"玄武门之变"，李世民被立为太子，受禅即皇帝位，建元贞观。在唐太宗统治的二十余年，社会安定，社会风气良好，生产迅速恢复和发展，百姓安居乐业，被史家称为"贞观之治"。李世民一生的所作所为，在中国封建社会发展史上留下了显著的印迹，其立法和执法实践也很有特色，是中国古代法律史上值得注意的人物。其法律思想主要有以下几方面。

1. 立法要"宽平""简约"

在治理国家中如何摆正法律的位置，历代一直未能很好地解决。李世民总结了历史经验，特别是隋王朝灭亡的经验，既把法律提到国家政本的高度上来认识，又没有局限于法家思想固有的框架，努力摆正礼与法的关系。他认为，治理国家究竟是强调法，还是突出德、礼，要根据形势需要，综合进行。

李世民关于礼与法结合的思想，突出表现在关于制定什么样的法律方面。他主张治国应"以仁为宗，以刑为助"，立法"务在宽平"。贞观初，他与大臣们讨论防止犯罪问题时，有人提出应当用重刑，他则认为，老百姓犯罪大多与赋役过于繁重、统治阶级又奢侈浪费有关。如果减轻徭赋，制止浪费，选用廉洁的官吏，使老百姓生活有所保障，那么犯罪自然而然会减少。这一思想在当时乃至后来都是难能可贵的。

李世民铜像

关于法律的形式，鉴于秦汉以来法令繁杂、条目重迭、内容互相矛盾的弊端，李世民主张法律形式务必简约，不可将一罪作数种条目，这样既有利于官吏记住，又可防止官吏在执行时徇私。他还认为，制定法令时要详细谨慎，一旦制定之后就要尽量保持稳定，不可朝令夕改。

在这种思想指导下，李世民即位后，就采纳戴胄、魏徵的意见，命令长孙无忌、房玄龄等在《武德律》的基础上修定《贞观律》，废除重刑条款，进一步减轻刑罚。首先，将部分死罪改为断右趾。后来，他又认为，前代废除了肉刑，现在突然又恢复，似为不妥。经反复商议，将断右趾改为流刑。经长孙无忌和房玄龄等修定的《贞观律》，死刑的规定比古代少了一半。

2. 执法严格，明正赏罚

在中国古代社会，曾产生过一些较完备的法典，各朝代都按照自己统治的需要建立了一定的法律体系。但是，由于奉行君主专制制度，皇帝集政治、军事、经济、立法、司法大权于一身，虽然有时他们也强调依法办事，但那是对臣下、对别人，自己真正按照法律办事的为数不多。但唐太宗在严格遵

第五章　魏晋至隋唐时期的法律

守法律上，却是仅有的一个。

唐太宗从隋朝灭亡的经验中认识到，法律制定之后，官吏、特别是皇帝本人是否严格执法，关系国家的安危存亡。他要求自己严格执法，并鼓励臣下对自己不守法的事例进行谏诤。贞观二年（公元688年），原李世民秦王府的老部下、濮州刺史庞相寿因贪污被撤职，太宗同情他，想恢复其职务。魏徵谏道："原来在皇上左右的人很多，如果对庞相寿宽恕，那其他人也会效仿的。"唐太宗接纳了魏徵的劝说，对庞相寿说："我昔日为秦王，是一府之主；现在身居大位，乃四海之主，不能再对故人另眼看待。大臣们尚能如此执法，我又怎么敢违背呢？"

由于唐太宗以身作则、认真执法、虚心纳谏，使贞观年间出现了不少执法如山、公正不阿、敢于谏诤的司法官吏，出现了严格执法的风气。

3. 主张"恤刑慎杀"

加强死刑复核程序是为了保持社会安定，唐太宗主张在刑罚运用上，特别是死刑的运用上，要采取严肃、谨慎的态度。为了做到"恤刑慎杀"，唐太宗不仅删去了许多死刑条款，还建立了相应的制度。这体现在：第一，挑选公正善良的人担任司法官吏；第二，建立九卿评议制度，审判重大刑事犯罪；第三，规定"三复奏""五复奏"制度，所谓"三复奏""五复奏"，是一种死刑复核程序，即罪犯临刑前，要向皇帝复奏若干次，以示郑重，"五复奏"是唐太宗在怒杀大理丞张蕴古和交州都督卢祖尚之后，又追悔不已而制定的。他还规定，即使依法应处死刑，但情有可原的，仍有获得从宽免死的机会。这一系列制度的建立，有力地避免了刑狱冤滥。

白居易的正统法律思想

白居易（公元772—846年），字乐天，晚年号香山居士，祖籍太原，唐代文学家、思想家。研究白居易思想的资料《白氏长庆集》共七十一卷，经今人顾颉刚整理为《白居易集》。白居易的思想体系以儒家为主，兼采道、法，特别是在解决具体问题时，往往表现出崇儒尚法的倾向，其法律思想也明显地反映出以正统法律思想为主，调和儒法的特点。

白居易认为，治理国家有三个手段，即刑、礼、道。刑的作用是在丧失了礼和道的情况下显示的，但是，如果刑罚的制定和运用得乎其当，便可达到恢复礼和道的目的。三者的关系是"刑者礼之门，礼者道之根，知其门，守其根，则王化成矣。"

刑、礼、道虽同为治理国家的工具，但在运用中主次先后依时而定。他认为在社会安定的年代，应当不失时机地省约刑法，崇尚礼乐；在动乱的年代，则"驰礼而张刑"，以惩恶人；在疲于乱世的年代，则"杀礼而任道"，无为而治。这样，白居易对历代的"先教化、后刑罚"思想有所改进，但从其最终目的上看，仍然是恢复儒家的教化，"始则失道而后礼，中则失礼而后刑，终则修刑以复礼，修礼以复道"。

白居易雕像

白居易揭露了唐代司法中的弊端，特别指出，由于法令不统一，司法官吏定罪量刑"轻重加减，随其喜怒，出入比附，由乎爱憎"。这种不循法度的状况，造成了局势的混乱。如果不统一法令，人心各异，国家就很难治理好。

法令不统一的原因在于统治者制法时不审慎严肃，朝令夕改，晨行暮止，使法律失去其稳定性，而执法者对多变的法律无法掌握，造成同罪异罚。另外一个原因是，最高统治者制法坏法，不能身体力行，使执法者"不从口之言，从上之所好也；不从力之制，从上之所为也"，"虽三令五申，而令不明矣"。因此要革除这种政弊，首先要做到统一法令，自上守法。这种准法科罪和"责于下者必先禁于上"的主张，糅合了儒法两家的思想，反映出白居易调和儒、法的思想特色。

由于正统法律思想强调"德"，所以自汉以来，人们对法律的社会作用的估价比较低，这也是中国社会轻法意识的原因所在。由于法律意识淡漠，人们对司法人员也颇为不恭，汉代称为"刀笔吏"。白居易根据唐代司法经验，

第五章 魏晋至隋唐时期的法律

则提出要"慎选狱官"。他认为，贞观时法制之所以能够推行，其重要原因是有一批好的狱官，后来各代虽沿袭了贞观之法，但没有慎选执法之人，所以枉法滥刑之事时有发生。他尖锐地指出当时的政弊是"由朝廷轻法学，贱法吏"的原因造成的。"刑法者，君子行之，则诚信而简易，简易则人安。小人习之，则诈伪而滋彰，滋彰则俗弊。"因此，只有选用熟习律令、慎重判案的狱官，才能改革时弊。

白居易提倡慎选狱官的用意有二。

第一，慎选狱官，在司法上易于做到抓纲举目。白居易认为，"善于治国者为政不宽，理刑不急"，在执法时要"理大罪，赦小过"。所谓"理大罪"，主要是对藩镇和长吏来说的，只要这些权重位高者犯罪，就必须惩罚，以维护法律的威严；"赦小过"是对权轻位卑的小官吏和百姓而言的，只要他们的行动没有触犯刑律，就不应治罪，以维护法律的公道。

第二，慎选狱官，可以通过法吏的执法活动来体现统治者的仁政。从这一点出发，白居易坚决反对肉刑的恢复。他认为，肉刑残害肢体，汉文帝废除了它，"刑罚以清"，本朝太宗弃除了它，结果也是"法设无犯"，因此，从实际情况来说，肉刑是不能恢复的。他还认为，从人情上说，也不宜恢复肉刑。肉刑使犯罪者"或绝筋，或折骨，或伤面"，"见者必痛其心，闻者必骇其耳"，这显然违犯圣人"顺人情"之训。因此，恢复肉刑是有害无利，有伤"仁政"的。

从推行"仁政"的思想出发，白居易提出"预防犯罪"的观点。他继承孔子的"富而后教"的思想，认为贫困是犯罪的原因。"奸宄并兴""群盗满山"是百姓生活没有保障的结果。"食足财丰而后礼教所由兴也，礼行教立而后刑罚所由措也。"如果社会财产不均，贫富对立，即使尧舜也不可能治理好国家。因此，要平息纷争，减省刑狱，就必须预防犯罪，要预防犯罪，就必须使民富足，"富其人，崇其教，开其廉耻之路，塞其冤滥之门，使人内乐其生，外畏其罪"。

白居易关于财产不均、贫富对立与犯罪关系的论点，明确指出贫穷是产生犯罪的根源，并提出了以"富其人"来防止犯罪，从社会制度方面揭示了问题的实质，对当时的正统法律思想是一个贡献，而且具有重要的意义。

知识链接

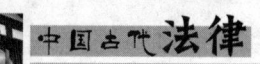

释囚受褒奖

隋文帝时期，齐州有个参军叫王伽。一次，王伽奉命押送李参等70多名罪犯去京城长安。犯人们披枷带锁，跋山涉水，千辛万苦才走到荥阳。王伽对众犯人说："好了，现在你们不必再受枷锁之苦，差役们也不必陪你们遭罪。你们可以自行赴京，但一定要在规定的日期到达京都。否则，我只有替你们一死。"

李参等众犯被王伽的诚意所感动，纷纷表示会如期到京。等到约定的日期到了，犯人们果然如期到达，没有一个人逃走。

隋文帝杨坚听说后，十分惊奇。他召见王伽，赞扬他的做法。他还召见犯人和他们的妻子儿女，赐宴款待并赦免他们的罪行。

随后，杨坚晓谕天下："官吏们要以王伽为榜样，用德行感化庶民。庶民应像李参那样，改恶从善。这样，天下就会太平，不用刑律的日子很快就会到来。"

王伽以德化人固然有其价值，但释囚之举乃违反法定程序，实在不敢称道。

隋文帝褒奖王伽，反映了其倡导德治，追求无讼、无刑的和谐秩序的法律观。

第六章

宋元时期的法律

两宋的法律制度在继承前代的同时又进一步发展，程朱理学的出现为正统法律思想披上了权威的外衣，理学对正统法律的影响是这一时期最大的特点。而辽金元的法律在一定程度上则反映了少数民族的文化特征。

第一节
宋元时期的法律制度

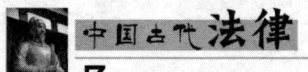

两宋的立法和法律形式

公元960年,掌握后周军政大权的赵匡胤,通过发动兵变的方式夺取了后周政权,建立宋朝,建都汴京,史称北宋。宋初,面对严峻的政治形势,迫切要求建立统一的、强有力的中央集权国家。宋太祖凭借后周时所形成的军政实力,进一步推进了统一全国的事业,对后蜀、北汉、南唐、南汉等割据性小国,采取各个击破的策略,经过20年的斗争,终于在公元976年基本上统一了全国,结束了五代十国的大分裂和百年来的藩镇割据。

宋朝建立之始,在巩固统一、强化专制主义中央集权的思想指导下,积极着手立法建制、统一法令的工作。

太祖建隆三年(公元926年),乡贡明法张自牧、工部尚书窦仪奏请更定刑统,得到太祖的采纳,并命窦仪主持其事。建隆四年(公元963年)八月,工部尚书判大理寺窦仪及苏晓、奚屿、张希逊、冯叔向等人,完成了新律——《宋建隆详定刑统》(以下简称《宋刑统》)的制定,刻版摹印,颁行天下。《宋刑统》的体例,仿自唐末宣宗时的《大中刑律统类》、后唐的《同光刑律统类》和后周的《显德刑律统类》。这种始于唐末、完备于后周的综合性刑事法律,就是宋朝主要法典《宋刑统》的历史渊源。由秦律、汉律、唐律发展到刑统,是法典编制体例上的一个变化。《宋刑统》以刑律为主,律文之后附以经过选录的、自唐开元二年(公元714年)至建隆三年(公元962年)之间敕令格式中的刑事规范,特别是当时通行的单行敕令以及窦仪等奏请经太祖批准的敕令。这种律、敕并重合编的形式,是宋朝立法的特点之一,并

第六章 宋元时期的法律

《清明上河图》（局部）表现的就是宋代东京的生活画面

为后来明清律例合编的体例创立了模式。由于《宋刑统》是宋朝开国以来第一部法典，历代君主不便轻易修改，虽经太祖乾德四年、神宗熙宁四年、哲宗绍圣元年、高宗绍兴元年数次驳议，但改动很少。加上律与有关的其他法律形式并行，完全可以补充律文的不足。因此，《宋刑统》"终宋之世，用之不改"。

随着宋代专制皇权的发展，由皇帝批准再由中书颁发的敕不仅数量增多，而且具有"丽刑名轻重""比事依条断遣"的功能，可以随时补充、修改律文。敕虽不如律稳定，却具有灵活性，因而为统治者所乐于运用，以至朝廷之外，"一司、一路、一州、一县，又别有敕"。由于敕指导了国家的司法实践，而又大都是针对一事、一地的单行法，适用范围既广，数量也随之愈益增多，真宗时敕竟达1.8万多条。把日积月累、零散驳杂的敕令加以分类整理，删去矛盾重复之处，然后再加以颁布，使之上升为特定的法律形式，取得普遍的效力。

宋朝历代皇帝都进行编敕。宋初建隆四年编成新敕四卷，106条，称为《建隆编敕》，与《刑统》并颁天下。从太宗起便逐渐进入了频繁编敕时期。如《太平兴国编敕》十五卷，《淳化编敕》三十卷，《咸平编敕》十二卷，《大中祥符编敕》三十卷，《天圣编敕》十二卷，《庆历编敕》二十卷，《嘉祐编敕》三十卷。不仅朝廷有敕，地方"一司、一路、一州、一县，又别有敕"。如果说神宗以前是律、敕并行的时代，那么至神宗便进入了以敕破律、以敕代律的时代。宋朝频繁的编敕和以敕代律，是立法活动的主要特点之二。

编敕的盛行，从立法上反映了皇权的加强，但敕出律外，造成了法令不一，法司借此任意援引以行其私。神宗时，还制定颁布了《元丰编敕令格式》，范围极广，有两千零六卷之多。然而其条目增多，意苛文晦，反而加深了刑制的纷杂紊乱。

两宋时，"例"被赋予法律效力，而且广泛适用，随之产生了"编例"的问题。神宗时编有《熙宁法寺断例》，哲宗、徽宗编有《元符刑名断例》《崇宁断例》，南宋各朝编有《绍兴刑名疑难断例》《乾道新编特旨断例》《开禧刑名断例》。

北宋后期，专制主义的膨胀表现在法制上经常是"因一言一事辄立一法"，法网严密到"内外上下一事之小，一罪之微，皆先有法以待之"，其结果"烦细难以检用"，"用法以后冲前，改更纷然"，这是立法活动主要特点之三。它反映了宋时阶级斗争的尖锐化和统治者对于法律武器的重视。

伴随宋朝专制主义统治的强化，皇帝以言废法的现象极为普遍。《宋史·刑法志》说："徽宗每降御笔手诏，变乱旧章……蔡京当国，欲快己私，请降御笔，出于法令之外。"如不奉行则依"违制罪"处罚。北宋皇帝无视立法程序，无限制地扩大自己的立法权，是立法活动主要特点之四。

南宋时期，孝宗力矫北宋后期法制之弊，致力于法律的规范化和集中化，限制"例"与"指挥"的适用范围，法司如更定律令，"必亲为订正之"。同时，以"事"为类编纂法典，改变了按法律形式汇编的体例。孝宗朝编成《淳熙条法事类》，宁宗朝编有《庆元条法事类》，理宗朝编有《淳条法事类》，这是宋朝法典编纂体例的又一变化。现存《庆元条法事类》三十八卷，共十六门。

南宋时期，阶级矛盾、民族矛盾都很尖锐，为了维持一隅的偏安，统治者不得不稍缓法禁、减轻刑罚、约束官吏、注重审鞠，尤其加强了对民事、财政、贸易方面的立法。在中国古代法制史上，南宋民事法律内容丰富，影响深远，具有重要的价值，这是立法活动主要特点之五。

随着统治者推崇程朱理学，理学家的纲常与天理人欲之说，也渗透到法律内容当中，使礼法结合进入了一个新的阶段。

南宋末期，面对深重的内外交困，统治者又转而求助于繁法酷刑，但这时距南宋覆亡已经不远了。

在两宋统治的三百年间，宋初和神宗时期立法比较审慎，特别是针对一时、一事所制定的专门法，在起草过程中比较注意博采众议，先试后行。如"熙丰变法"中颁行的免役法，就是几经朝廷复议拟成条文后，先行于一州、一县,"揭示一月""民无异词",然后再考查其实际效果,最后制成新法颁行全国。从历史借鉴的角度是颇为可取的。

辽、金的法律

在宋朝统治时期,契丹、党项、女真等族的统治者,先后在我国北方建立了辽、夏和金国。这些国家建立初期,仍处于野蛮的奴隶制阶段。随着对外掠夺战争的发展,它们的统治逐步伸向汉族居住地区。由于各族人民的坚决反对和受汉族先进文化的影响,他们逐步完成了由奴隶制向封建制的过渡,并建立了相应的政治法律制度。尤其是辽、金两国,在法制方面较为完善,现将其情况分述于下。

1. 辽国的法律概况

辽国是契丹贵族建立的政权,契丹原是生活在我国辽河和滦河上游的少数民族,唐末和五代时开始强大,并一步步地实现了由家长奴隶制向封建制的转变。公元916年,辽太祖耶律阿保机仿照汉制,正式建立了契丹政权。公元926年,辽太祖统一了大漠南北和东北广大地区。不久,辽太宗耶律德光迫使石敬瑭将今河北、山西北部的幽州(今北京)、云州(今山西大同)等十六州割让给契丹贵族。公元947年,契丹贵族将契丹国改为"辽"。辽长期南侵北宋,给中原人民带来了深重的灾难。1125年,辽被金国所灭,共统治了我国北方达二百余年。

辽国法律制度,经历了两个不同的发展阶段。前期采取的是以辽治辽、以汉制汉的办法,即对契丹人适用契丹习惯法,对汉人则适用汉法。后期则逐步过渡到各族共同使用汉法。据《辽史·刑法志》记载:辽初,于太祖

契丹图腾柱

神册六年（公元921年），"诏大臣定制契丹及诸夷之法，汉人则断以律令"，至太宗时，对靺鞨族的渤海人和女真族的金人，也"一依汉法"。辽圣宗耶律隆绪是一个重视学习汉族文化的人，他继位后，便下令翻译从"南京所进律文"。这里所说律文，据法律史学界考证，即是《唐律》。之后，又诏令"契丹人犯十恶者，依汉律"（《辽史·圣宗本纪》）。辽兴宗耶律宗真执政时，命大臣"纂修太祖以来的法令，参以古制，其刑有死、流、杖及三等之徒，凡五百四十七条"（《续文献通考》），于兴宗重熙五年（1036年）颁行，名曰《重熙新定条例》，这是辽代的第一部成文法典。辽道宗耶律洪基在位期间，因"以契丹、汉人风俗不同，国法不可异施"（辽史·刑法志》），诏大臣更定法令，编成《咸雍重定条例》，这是一个对契丹人和汉人同样适用的法典，也是辽国法律制度进一步封建化的标志。辽道宗大安五年（1089年），又命臣民"复用旧法（《唐律》）"，这就是说，辽国后期基本上采用的是《唐律》。

由于受原来奴隶制习惯法的影响较大，在辽的法律中，还保存、参用原部族的刑罚。其用刑之残酷，较前代的北朝、五代时诸国有过之而无不及。辽代统治者"用武立国"，对酷刑的威力特别迷信，所以，除辽景宗、辽圣宗两朝较为注意执行法律以外，都热衷于大搞法外用刑。太祖时，凡犯罪者，"或投高崖杀之"，或"五车（辗）杀之"，又使用枭磔、生瘗、射鬼箭、炮掷、肢解之刑。辽穆宗耶律璟更是荒淫残暴，常为细小事故，动用炮烙、铁梳之刑，滥杀无辜，甚至取人胆制药"延寿"，杀人颇众。自兴宗到辽灭亡，各代屡起大狱，多用酷法，手段极其凶残。

2. 金国的法律概况

金国是女真贵族建立的国家。女真人是原居于我国东北地区的游牧部落，从1115年金太祖建立政权，到1234年金国灭亡，共经历了一百二十年。金国的统治时间比契丹贵族建立的辽国短了近一百年，但其统治区域比辽国要大，在法制建设方面也超过了辽国。

金国在进入中原之前，仍沿用女真族习惯旧俗，"刑、赎并行"。对犯轻罪者，用柳枝鞭笞；对犯重罪者，允许用财物赎罪，但要割掉鼻子或耳朵，以示不同于平民。若犯了杀人及盗劫罪，则要把犯人的脑袋打破，财产没收，以4/10入官、6/10赔偿给受害者，并将家属变为奴婢，但允许犯罪者家属用马、牛、财物赎罪。金初掘地深、广各数丈作为监狱，以囚禁罪人。进入中原后，比较注重法制改革。据《金史·刑法志》记载，金太宗完颜晟时，就"稍用辽、宋法"，金熙宗完颜亶天眷三年（1140年），金兵占领河南后，下令按照汉法断狱。金熙宗皇统五年（1145年），在金国旧制的基础上，兼采隋唐制度，参照宋辽法律，制定颁行了《皇统新制》千余条，它是金国第一部成文法典。完颜亮执政期间，又制定了《续降制书》。这部法典刑罚苛刻，为此，金世宗完颜雍时，又先后颁行了《军前权宜条理》和《大定重修制条》。金代的立法高潮是章宗完颜璟执政期间。金章宗明昌元年（1190年），将《宋刑统》加以疏释，著为"常法"，于明昌五年（1194年）颁行，定名为《明昌律义》。章宗泰和元年（1201年），又颁布了《泰和律义》，共十二篇，它是金代最完备的法典。律文之外，又颁行了敕条格式。关于这部《金律》的原文，现已失传，但从一些文献记载看，其体例、内容与《唐律》大体相同，其基本精神仍是竭力维护封建等级制度和封建伦理道德，加强对人民的控制和镇压。《金史·刑法志》说《金律》"实《唐律》也"，这种说法是有根据的。

同唐、宋法律相比较，《金律》也有自己的特点和新创。《金律》比较简单，刑罚比较野蛮。州县断狱，常是"置刃于杖，虐于肉刑"（《金史·刑法志》），臣民偶有小过，也动用酷刑，常常以轻罪杀人。《金律》还创设了不少为唐、宋法律所没有的新的规定，如规定夫殴妻至死者，若不是用器刃杀的，不算犯罪；又如，若强盗侵入宅内，官吏和邻居知情而不相救，或官吏明知自己管辖区内有犯法的而未立即追究，都要治罪。值得指出的是，《金律》中的一些规定，冲破了儒家礼教纲常观念。金世宗时规定，太子妃大功以上亲及皇家无服者，贤而犯私罪者，不在"八议"之列，同时规定对职官犯罪者，要同平民一样严加惩治，并处以杖刑。对官吏犯赃处刑尤其严厉，即使诸王子弟也不得宽恕。此外，《金律》规定主人杀奴婢有罪，良人与奴结婚所生子女允许为良，这也是中国法律史上的一项改革。

元代的法律制度

元在统一中国前的蒙古国时代，没有自己的成文法，审断案件以金代的《泰和律义》为依据，刑罚十分严苛。元世祖忽必烈统一中国后，于至元二十八年（1291年），颁行了《至元新格》。"大致取一时所行事例，编为条格而已"(《新元史·刑法志》)。所谓"条格",同宋代的"敕"是一类东西,只不过元叫"条格"(也叫"条例")不叫"敕"罢了。元仁宗时,又以格例条画有关风纪者,类集成书,号曰《风宪宏纲》。元英宗至治二年(1322年),制定了《大元圣政国朝典章》(以下简称《元典章》)六十卷,记录了自元世祖到英宗二年间的诏令、判例和各项典章制度。《元典章》虽然不是元朝中央政府颁布的专门法典,但包括了相当丰富的行政法规。元英宗至治三年(1323年),又制定和颁行了《大元通制》,这是自元世祖以来累朝的条格、诏令、断例的汇编,共二十篇,二千五百三十九条。我们今天所能看到的元代法律,散于《元章典》及《通制条格》之中,集成于《元史·刑法志》,大约一千余条。

元代法律从本质上说,仍是地主阶级统治农民的封建法典。但由于元代是蒙古贵族统治中国各族人民的王朝,就不免具有它自己的特色。

第一,元代法律具有阶级压迫和民族压迫的双重特色。元朝把全国各族人民分为四等,第一等蒙古人,第二等色目人,第三等是统一中国以前蒙古统治下的汉人和契丹、女真等各少数民族,第四等南人,即原来属于南宋地区的汉族和各族人民。为了隔离各族人民,以便分而治之,元律明确规定了这四等人在法律上的不平等地位。汉族劳动人民在政治上无权,其人身安全也得不到法律保障。元律规定,蒙古人打汉人,汉人不得还手;蒙古人如因争吵或乘醉打死汉人,最多只罚出征和赔烧埋银。反之,如果汉人在同样情况下殴打蒙古人或色目人,不仅要赔烧埋银,还要治以死罪。蒙古人犯了法,享受依律减罪的权利。元律规定:"诸正蒙古人,除犯罪监禁,依法,有司不得拷掠。"元律禁止蒙汉通婚,并允许蒙古人随意侮辱汉族妇女。蒙古人、色目人犯罪,必由蒙古人审判,一般审判机关不得过问。但汉人的审判机关的正长均由蒙古

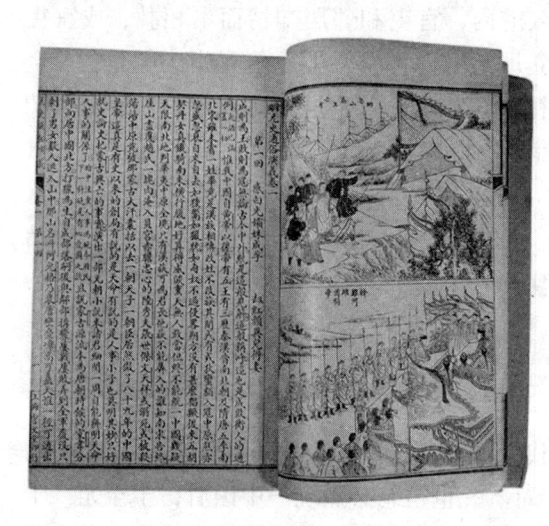

元史

人担任，对汉人的定罪量刑要由蒙古人决断。

第二，元代为了实行蒙汉地主阶级对汉人及各族劳动人民的联合专政，法律上对官吏特别宽大。少数蒙古贵族为了统治人数众多的汉人和各族劳动人民，便采取了笼络汉族官僚地主的政策。表现在法律上，元代不仅赋于蒙古贵族以种种特权，而且对各级官吏的犯罪宽大无边。《元史·刑法志》《元典章》及《大元通制》的"职制"部分，大多数条文都是申明应该怎么做，不应该怎么做，用"禁止""罪之"字样代替具体刑罚规定。这种模棱两可的规定，事实上是徒具条文而已。少数有明确刑罚标准的条款，与《唐律》《明律》相比，在量刑轻重上也很悬殊。如官吏枉法犯赃，《唐律》规定十五匹绞，《明律》规定八十贯绞，唐、明律计赃方法不同，但量刑轻重大体相当，而元代法律却规定枉法犯赃一百贯以上杖一百零七。又如漏泄机密重事，依照《唐律》《明律》要处死刑，而元代法律只说"论罪"，并无科刑规定。再如官吏滥用权力逮捕监禁人，《唐律》《明律》均要杖八十，而元代法律规定笞十七，如此等等。如果将《元律》与《唐律》《明律》有关官吏违法犯罪的相应或相近条款加以比较，便可以看到，元代法律在量刑上要轻得多。在阶级社会中，民族压迫，实质上是个阶级压迫问题。这一点在元代法律中体现得十分明显、突出。

第三，元代法律与唐、宋、明、清等各代法律的一个明显差异之处，就是侵犯礼教方面处刑较为宽弛。自汉以来，中国的各代封建王朝，都比较注意儒家礼教的作用。唐以后各代法律，更是坚持了"以准乎礼为出入"的原则，法律渗透着极为浓厚的儒教精神，有关维护封建伦理道德、等级制度方面的法律规定得十分完善。元代则不然，它虽然不得不"遵用汉法"，但在处理礼与刑的关系上，往往忽视礼教的作用，有关礼典和风俗教化方面的法律，普遍量刑很轻。有的条款甚至轻到了违法不罚的程度，例如，"亵渎祀典"，"殴制使""属官殴本管上司""兄与弟妻奸""欺奸父妾"等各代严加惩处的犯罪，元代最多只处以笞或杖刑了事。关于良贱通婚，各代是严厉禁止的，元代却加以确认。规定良男与婢女结婚，所生子女仍是"良民"；良女自愿与奴隶结婚，所生子女便是"奴隶"；良男私通奴婢，所生子女随母为奴隶；奴隶私通良女，所生子女随母为"良民"。这些都是唐宋以来所没有的。这种情况的出现，并不是由于元代统治者的"仁慈"，而是与蒙古贵族受汉族传统封建礼教影响较少，对儒家伦理道德缺乏强烈信念有密切关系。

《元史·刑法志》说："元之刑法，其得在仁厚，其失在乎缓弛而不知检也。"又说"此其君臣之间，唯知轻典之为尚"。这一结论，如果是指元代对官吏特别宽大和风俗礼典方面的法律比较宽弛而言，当是正确的。但若是用这个结论概括整个元代法律，就极不妥当。因为风俗礼典和治吏方面的法律，并不是元律主要和基本的方面。最能体现元律本质、实际上对维护元代统治起主要作用的，是对各族劳动人民实行阶级压迫和民族压迫方面的法律。在这方面，元代法律是十分残酷的，并且普遍有比唐、宋两代加重的趋势。同时，元是刚刚从奴隶制转为封建制的王朝，刑罚的运用上极为随意。整个元代，没有一部像《唐律》或《大明律》《大清律》这样的"常经"，只是取一时所行之例断狱。所以，元代实际上实行的刑罚，要比法律本身的规定野蛮得多、残忍得多。对汉族和各族劳动人民任意迫害、奴役、屠杀，是元代司法的一个重要特征。

知识链接

古代行刑时间

我们看到很多古典小说中描写朝廷对犯人的行刑时间都是"午时三刻"，这个时间相当于现今的中午十二点。而我国古代法律中，规定的行刑时间是否真如小说中所描写的一样在"午时三刻"呢？并非如此。

例如，唐、宋时的法律规定，每年从立春到秋分，以及正月、五月、九月、大祭祀日、大斋戒日，二十四节气日，每个月的朔望和上下弦日、每月的禁杀日，即每逢十、初一、初八、十四、十五、十八、廿三、廿四、廿八、廿九、三十，在此期间都不得执行死刑。

而且还规定在"雨未晴、夜未明"的情况下也不得执行死刑。有人计算后认为，按如此规定唐朝一年里能够执行死刑的日子不到80天。在行刑的时刻上，唐代的法律明确规定，只能在未时到申时这段时间内，也就是大约在今下午一时到五时之间行刑，其实并不是"午时三刻"。

第二节
宋元时期的法制人物与专著

清廉无畏：包拯

包拯（公元999—1062年）字希仁，是北宋时庐州合肥（今属安徽）人。他在宋仁宗一朝，做了三十多年官，曾先后做过知县、知州、知府及转运使等地方官，也做过谏议大夫、监察御史、御史中丞等中央监察官，后任天章阁待制、龙图阁直学士，官至枢密副使，死后追赠为礼部尚书。他是北宋时著名的政治家和司法、监察官员，也是封建社会一位少有的刚正无私的清官。

包拯生活的年代，是北宋所谓的"太平盛世"时期。但是，这时宋王朝其实已日益腐朽，危机四伏。外有契丹族的侵扰，内有宦官、贵族和豪强、地主的横行，加之官僚机构冗滥，赋税繁重，民怨沸腾，社会矛盾和民族矛盾都十分尖锐。包拯在这种情况下，提出了一系列的政治法律主张。如在政治上，他主张对外严修武备，精选将才和勇兵，广泛储备粮食，以抵御外侮；对内抑制官宦特权，选用贤俊，整治官吏，实行轻徭薄赋、与民休息的政策。在法律思想上，他强调公私两便，既要对国家有利，又要对老百姓无害；主张法律的稳定性，反对随意变更法令；主张用刑要谨慎，赏罚要分明。在审判实践中，他严格执法，铁面无私，明察善断，敢于摧折权贵，为民申冤。因此，千百年来，人们一直称颂不衰，称为"包青天"，编了不少文艺作品颂扬他。

包拯认为，能否秉公执法，敢不敢同贪官污吏做斗争，是关系国家兴衰存亡的重大问题。对于贪图钱财、害国害民的贪官污吏，他主张从重论处，坚决予以打击。如淮南转运按察使张可久，在任职期间，与部下一起走私贩

包拯像

卖私盐一万余斤。此案被告发后，大理寺拟按照当时的有关规定，即私自贩运国家禁贩物资，以查获到的数量多少定罪。可是，张可久贩运的私盐已经卖掉，如果按此规定论处，势必议罪从轻。为此，包拯上书，认为张可久滥用职权，知法犯法，要从重论处，把他发送到远地监管起来。他建议，以后凡是犯类似罪者，不管所贩禁物被查获还是已经卖掉，都一律按实际上贩卖的斤两定罪。包拯的行为，严重打击了贪官污吏们的腐败行为。

不畏权势、刚正不阿、秉公执法，是包拯最可贵的精神。包拯在担任朝廷谏官期间，敢于直言进谏，弹劾权贵。当时，主管全国财政大权的三司使张尧佐，是仁宗皇帝宠妃张美人的伯父，是温成皇后的哥哥。张尧佐任职期间，国库亏空，百姓饥寒交迫。对此，包拯多次上书弹劾，但宋仁宗一味庇护，后来虽然免去了张尧佐的三司使之职，却同时任命他四个要职。包拯不顾仁宗的恼怒，又再次上书弹劾，并尖锐地批评了皇帝的过错。由于包拯的坚决反对，加之群臣愤愤不平，张尧佐不得不辞去了宣徽南院使和景灵官使二职。仁宗嘉祐元年（1056年），包拯担任开封知府时，开封惠民河涨水，京城遭到洪水威胁。经过调查，发现涨水的原因，是由于京师显官势族在惠民河畔垒地筑台、修建亭园，致使河道淤塞，造成河水泛滥成灾。为了全城人的安危，包拯不顾权贵们的反对，坚决命令将河畔的建筑全部拆除。由于包拯的刚正不阿，达官显贵都不敢和他正面交锋，因此也都收敛了自己的行为。

按照旧制，老百姓告状不得进入官廷门内，只能把状子交给守门的吏役。包拯认为，这种做法既不方便平民百姓申冤喊屈，又容易使吏卒从中欺隐作弊。于是，他改革了诉讼程序，大开正门，让告状者直接入内陈述曲直。这一举措不仅方便了百姓诉讼，而且消除了司法腐败的隐患，收到了很好的效果。

包拯办案，注意明查暗访，又多谋善断。包拯担任扬州天长县知县的时候，碰到一个案件。农忙时节，正当大量使用耕牛的时候，有一户人家的牛被人割掉了舌头，被害人家告到官府，要求查明案犯，依法处置。包拯判断此事很可能是与那户人家有仇的人干的，便想了一个计策。他一边劝被害人将废牛杀掉，卖肉换钱，一边贴出一张告示。告示的内容是：当前正值农忙季节，一律严禁宰杀耕牛，违者严加治罪；有人捉到杀牛者，官府赏钱三百贯。那个割牛舌头的仇人不知其中奥妙，看见告示后，就怂恿几个人一起把受害者绑到衙门中请赏。结果，此案很快就水落石出。

包拯的一生，可谓封建时代中官吏秉公执法的楷模。他守法严正，不仅用以治世，也处处严于律己。他一生为官清廉，办事循法，不结亲党，拒绝一切贿赂。人们都把包拯比"黄河清"。这种说法虽属美化之词，但基本上符合包拯为官的实际情况。如包拯在端州任官时，从未将当地的名产端砚带回家中。包拯在故乡庐州做知州的时候，亲戚朋友很多，但他从不徇私情。在他晚年，曾立下一则家训："后世子孙做官如贪污坑民的，不许回老家；死了之后，也不得葬在包家祖坟里。"

宋慈与《洗冤集录》

《洗冤集录》是我国最早的一部比较完整的法医学专著，也是世界上第一部法医学专著，它比欧洲意大利16世纪出现的最早的法医学著作还要早350余年。无论在中国法制史上，还是在世界法制史上，都是一部很有价值的法医文献。

《洗冤集录》的作者宋慈（1186—1249年），字惠父，南宋时建阳（今福建南平）人，一生经历了南宋孝宗、光宗、宁宗、理宗四个皇帝。宋慈的父亲官至广州节度使。宋慈本人曾四度出任法官，对于决狱理刑，一向严肃认真，"审之又审，不敢萌一毫慢易之心"（《洗冤集录》序）。作为一个法官，他既有不畏豪猾权贵、决事果断刚直的精神，又能够深入民间，细查细访，做到听讼清明。宋慈在一生20余年的官宦生涯中，积累了丰富的司法经验。《洗冤集录》就是为改变当时一些"应试之浅"、没有实践经验的司法官员往往造成冤案和错案的情况，采撷前人著作中的有关记载，总结自己的实际经验写成的。

宋慈的《洗冤集录》，是对我国古代劳动人民长期积累的病理、解剖、药理学等方面知识的总结，也是宋代以前封建官府刑官检验知识和经验的汇总。宋朝为我国古代法医学研究的鼎盛时期。当时，有关记载案例方面的治狱之书，如《疑狱集》（赵仝著）、《续疑狱集》（王䍐著）、《谳狱集》（元绛著）、《内恕录》和《结案式》（均为无名氏著）、《折狱龟鉴》（郑克著）、《棠阴比事》（桂万荣著）相继问世。这些书虽还不是专门的法医学著作，但不少案例已涉及法医检验。同时，从宋时官府的检验要求和手续来看，也日趋严格和完备。早在宋慈写《洗冤集录》前，于南宋孝宗、宁宗年间，已将《检验格目》《正背人形检验格目》等列为官方正式的法医检验文件，颁布"诸路提刑司，体效施行"（《宋会要辑稿》刑法六）。在这种情况下，一部专门的法医学著作的出现，不仅成为迫切需要，也有了实际可能。宋慈在《洗冤集录》自序中说，此书是"博采近世所传诸书，自《内恕录》以下凡数家，会而粹之，厘而正之，增以己见，总为一编"。由此可知，《洗冤

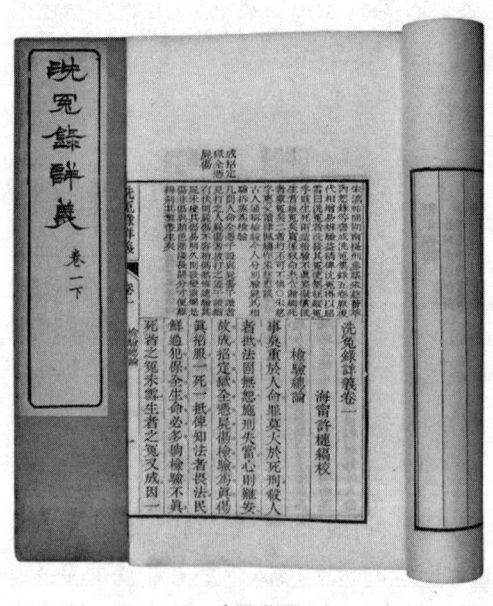

洗冤集录

集录》是宋慈对我国古代法医知识和检验经验进行全面总结的产物。

《洗冤集录》共5卷53个目,每目下又分若干条,各目下的内容穿插交错,使人读起来颇有混乱之感。但细加分析,其内容大体可分为四个方面:一是宋代历年公布的同法医检验有关的法令,共二十九则,都是对检验官员规定的纪律和注意事项,违犯者要负法律责任;二是法医检验的工作总论,包括法医检验人员的一般办事原则、检验原则、技术操作程序等;三是各种尸伤的检验和区别办法;四是各种急救的方法和药方,包括对自缢、溺水、冻死、杀伤、胎动等数十则。

此书对法医检验上的一些重要问题以及主要的死伤现象,都有程度不同的触及和探讨,其中不少内容符合近代法医学原理。《洗冤集录》提出,检验必须遵守几个原则:实事求是原则;不轻信口供原则;调查研究原则;验官应亲自填写"尸格"原则。这些检验的一般原则,今日法医在检验中也仍须遵守。《洗冤集录》所论述的检验范围和项目与现代法医学所论述的范围、项目基本一致。例如"四时尸变"即现代法医学所称"尸体现象"。"刃物伤、手足他物伤、缢死、勒死、溺死、捂死、烧冻死……",即现代法医学所谓机械性损伤与死亡、机械性窒息、高低温所致损伤与死亡。至于中毒、服毒、雷击死、车辗死等也都属现代法医学检验范围。这个事实充分证明,到宋代时,我国法医学的研究已取得了相当的成就。

当然,由于该书的写作时间距今已有七百多年,受时代和技术条件的限制,《洗冤集录》不仅内容粗糙和原始,而且还有一些不科学和错误的地方。如,认为人体的骨节数目是:"人有三百六十五节,按一年三百六十五日。"这是受我国古代阴阳五行说的影响附会出来的,不符合人体骨骼的实际。又如《验骨》说:"男子骨白,妇人骨黑。"等均不符合人体实际生理状况。虽然《洗冤集录》有一些落后、迷信的内容,但总体来说,糟粕方面是次要的,精华方面是主要的,仍不失为一部有较高成就的法医学文献。

《洗冤集录》的问世,使我国的法医检验进入了一个崭新的阶段。此书当时一出版,就被立即颁行全国,成为南宋王朝及后世审理办案官员的必读之书。数百年来,它一直被"官司检验奉为金科玉律"(钱大昕《十驾斋养新录》卷十四),"士君子学古入官,听讼决狱,皆奉洗冤录为圭臬"(祁贡《补注洗冤录集证》)。

宋、元、明、清各代,曾有数十人对《洗冤集录》做过大量的补充与修订工作，版本之多，难以悉数。仅清一代，研究和补订的著作就有几十种，从而使其内容大加充实，条理更加清晰，更为实用。从这里不难看出，此书在中国的影响是多么巨大。该书对国外的影响也很深远，曾被翻译成荷兰、英、法、德、日本、朝鲜等国文字，在国际上广为流传，历来为世界各国所重视。作为最古老的法医学名著，《洗冤集录》在中国和世界的法医检验发展史上占有极其重要的地位。

一代天骄的法制智慧

讲起成吉思汗，的确是一个声名远扬的人物。他统一蒙古，统率蒙古大军，指点江山，震慑四海。他创建的蒙古帝国，疆域极其广阔，可谓史无前例。

但是，成吉思汗是怎样征服了数以亿计的生灵呢？这其中蕴含着怎样的智慧和奥秘呢？

在1206年，铁木真凭借铁腕一统蒙古各部，在斡难河（今鄂嫩河）源头宣布自己继承蒙古大汗位，称号为"成吉思汗"，国号为"大蒙古国"，蒙古草原自此结束了长期混战、民不聊生的局面。从此以后，中国历史上版图最大的帝国——蒙古帝国自此诞生。和蒙古帝国强大的武力比较，帝国成立同时颁布的法典却十分低调。

《成吉思汗法典》，也就是指大扎撒，蒙古帝国的立国大法，囊括总则、分则、附则三大部分。牵涉到基本法、国家制度、社会管理制度、役税制度、军事法、行为法、诉讼法等，共65条，是由成吉思汗亲自颁布、实施、修改才完成的具有社会规范性以及普遍约束力的训言和命令的总称。用畏兀儿文字书写在卷帙上，即为《扎撒大典》，这是"蒙古民族的第一部成文法"。

《扎撒大典》颁布之前，世界各国的法律体系还是对各种具体行为进行规制的社会规范。成吉思汗却利用法律的形式，明文对国家权力进行明确的定义与划分，将行政权和司法权分开，建立了一套具有部落民主特色的君主政体制度，这种利用两权制约的判例制度，比英国19世纪的判例制度的制定要早大约600年。由于《成吉思汗法典》的内容和近代宪法的内容性质类似，因而有专家就把它称为"世界第一部宪法性法典"。

《成吉思汗法典》（以下简称《法典》）是由成吉思汗严格制定并认可的

第六章 宋元时期的法律

一部法典，也是成吉思汗用来治理统辖疆域的主要手段。哪怕在他去世后，这部法典仍旧在蒙古族政权与社会生活的各个方面发挥着举足轻重的作用。其颁布与实施，不仅代表着蒙古民族直接由原始部落社会步入了共和政体的国家，也代表着蒙古民族从此进入了世界法制民族的行列，一点也不夸张地说，成吉思汗开创了英雄造法的时代。

《法典》首先确立了统治者绝对的最高权威，这种权威，是神权和王权的有机结合，不但可以有效实行思想上的控制，而且可以强化世俗的权威。法典首条明确规定，上天赐予成吉思汗的大札撒（法令）不容置疑。

《法典》强调了"蒙古七刑"：死刑、流放刑、杖刑、鞭刑、罚没刑、耻辱刑以及监禁刑，这些刑种轻重兼行，有宽有严，构成了一个比较严密的刑罚体系。《法典》的刑罚尽管有着严厉性特点，不过同时也有宽仁。像是在鞭刑、杖刑行刑过程当中，处罚的基数为7、17、27，这样规定的原因是本来应当处罚10、20或30，不过统治者恩威并济，认为应该"天饶你一下、地饶你一下、我饶你一下"——这就是历史上有名的"蒙古减三罚则"。

有意思的是，《法典》极其强调保护生态环境，对破坏环境的行为进行极为严厉的处罚：第五十六条，保护草原，草绿后挖坑致使草原被损坏的，失火致使草原被烧的，全家都处死刑；第五十七条，保护马匹，春天的时候，战争一停止就将战马放到好的草场上，不得骑乘，不得放马乱跑，打马的头和眼部的，处死刑；第五十八条，保护水源，不得在河流中洗手，不得溺于水中。

更有意思的是，《法典》甚至对"同性恋"这一亘古不变的热门话题进行了明确的规定："男子之间鸡奸的，并处死刑。"这样的条文堂而皇之地出现在一个国家的根本大法里，的确让人瞠目结舌。

成吉思汗像

《法典》最有内涵且"超前"的是对信托制度的严格规定:"利用信托资金经商累计三次都亏本的,就会处以死刑。"这样的刑罚为什么如此严厉?难道是因为大帝国内商业发达而委托人玩忽职守者实在防不胜防吗?还是由于征战的首领将士也需要发财,受托人胡乱敛财会动摇军心?这些事情无处可查。

《法典》最高明且最具现代化的内容就是宗教宽容:"严格奉行尊重所有宗教信仰的自由,无论什么宗教都不可以享有特权。人人都有信仰宗教的自由。"

在成吉思汗及其子孙所管理的疆域内,现有的世界三大宗教——基督教、佛教、伊斯兰教都已经具有相当大的势力,另外有在蒙古人中盛行的萨满教以及摩尼教、祆教,中原的道教、儒教,甚至一些较小族群的原始宗教更是锦上添花。

成吉思汗力求自己做到绝对公允,哪怕他本人先是信奉萨满教,后来拜道教的长春真人为师。这种政治胸怀也并不是成吉思汗一个人具备的,中原王朝向来实行政教分离、多教并立,相比蒙古人更早的草原霸主契丹人建立的大辽国也是这样,甚至吐蕃人(今藏族人)强大期间也是实行宗教信仰自由政策的。

在制定《法典》之后,成吉思汗在征服世界的一生中,不断用强制力推行自己的规则和规则背后的理念,使他的《法典》一度成为世界上适用范围最广的法典。

成吉思汗当然以为这是开万世基业的政治制度。可是,与秦始皇一样,开国强人、万年帝国的愿望只是黄粱一梦。大蒙古帝国很快就分崩离析,这样的律令便只有思想史、政治史的研究价值了。

两本折狱专著

我国自五代以后,有关记述诉讼活动的书籍日渐增加,前后刊行者达数十种之多。这些著作记录了历史上释析疑狱的故事,对当时的刑官理刑有一定的借鉴作用,其中影响最大、为后世所特别重视的是《折狱龟鉴》和《棠阴比事》。

《折狱龟鉴》,又名《决狱龟鉴》,宋代人郑克所著。据《隐居通议》记

第六章 宋元时期的法律

载,宋高宗赵构绍兴三年(1133年),曾"降诏恤刑,戒饬中外,俾务哀矜"。当时,熟悉狱政的地方官吏郑克感到和凝父子的《疑狱集》尚有未详尽之处,又增补案例359件,编成《折狱龟鉴》一书。原书共二十卷,分为释冤、辨诬、鞫情、议罪、宥过、惩恶、察奸、核奸、擿奸、察慝、证慝、钩慝、察盗、迹盗、谲盗、察贼、迹贼、谲贼、严明、矜谨。此书"务求广博",故成书以来,历经南宋、元、明、清八百多年,一直流传不息。明、清时分别被收入《永乐大典》和《四库全书》,道光以后又有《致用丛书》《守山阁丛书》等多种刊本行世,近代亦被收入《丛书集成初编》。由于清初时所传刻本除五门外均已散佚,加之《永乐大典》收入此书时,是将其篇目合并编辑的,故原来二十卷的篇目界限,已不可详知。

现存的八卷本,其篇目是在收入《四库全书》时分定的。《折狱龟鉴》所辑故事多来于胥史,但文字均有改动,有的案例的情节也不尽相同,带有明显的再创作色彩。后代人对此书十分重视,续补者不乏其人,其中清代人胡文炳编的《折狱龟鉴补》算是最丰富、流传最广的一种。

《棠阴比事》,是宋代人桂万荣在前两书的基础上,从正史、野史、名人笔记中选出一些案例编辑而成。原书共两卷,包括向相访贼、吕妇断腕、钱推求奴等144个案例。书中对封建社会的执法、断狱、量刑、司法检验等均有记述。明代时,嘉议大夫、都察院左副都御史致仕吴纳曾对《棠阴比事》加以删正和补辑。收入《四库全书》的是吴纳的删正和补辑本,后人称为"吴本"。

吴纳将原书删去64条,存80条,增补50条,共130条。《棠阴比事》对后世影响很大,曾流传至日本,被译成日文。

值得注意的是,《折狱龟鉴》等书记录了丰富的司法经验。《李南公》就是一则有趣的例子。宋代人李南公任长沙县令时,有甲、乙两人打架,双方身上各呈青赤伤痕。李南公捏了两人的伤后,断定乙伤是真伤,甲伤是假伤。经过审问,果然不错。原来,南方有一种榉柳树,用树叶涂揩皮肤,便青赤如同殴打的伤痕一样。剥下树皮平放在皮肤上,用火热熨,便会出现像棒伤那样的痕迹,水洗不掉。但是殴打的伤痕由于血液凝聚而变得坚硬,伪造的伤痕便不是这样。李南公就是依据这个道理辨别出真假伤痕的。书中所记载的丰富的司法检验经验,标志着我国法医学也达到了一定的水平。

《折狱龟鉴》和《棠阴比事》,所辑录的人物和故事,都是作者认为值得效法的典范。在狱治暗无天日、冤狱遍于天下的封建社会，这些精心搜罗的故事，当然是封建狱场的凤毛麟角，它不能代表古代治狱的一般情况，也并不反映封建社会法律制度的本质。人们在阅读这些专著的时候，只要透过"清官"们平反冤狱的背景材料，就会对充满封建官场中的专断独裁、徇私舞弊、挟嫌诬构、包庇纵容、枉杀滥刑等种种丑恶现象有所了解。而正是这些丑恶的东西，才真正反映了封建狱治的本来面目。

知识链接

唐宋法定刑期短

只要随意翻看唐朝或者宋朝的有关法律文献，就会使你震惊地发现，当时的最高刑罚刑期最高的都没有超过三年以上的。徒罚中把三年当作刑期的最高上限，一年到三年更是分为五个刑罚等级。

原因是什么呢？

其一，受到当时的医疗条件以及生活水平局限，人们的平均寿命普遍很低，能活到四五十岁，已经算得上是长寿了，一下子判刑十几年，极有可能大多数人便会老死狱中了，客观上与当时的社会现实不符合。

其二，古代并不像现代一样人力资源如此低廉，当时人口总量为数不多，人人都是极其宝贵的人力资源，用于生产与劳作，假若大面积长期地拘禁起来，将会严重抑制社会生产力的发展。

其三，古时候的刑罚目的无非是让犯人认识到自己的错误，而不是单纯地为了惩罚，法定刑期普遍很短，这是给予犯人们一个能够重新做人的机会，让他们明白犯错以后的严重后果，防止以后再犯。

当然，古代的徒刑，不仅是将人关在监狱里这么简单，还有强制性的高强度劳役，和现在的有期徒刑再加上劳动改造差不多，刑期时间太长的话，很多体质比较孱弱的犯人很容易累死狱中，这也是刑期缩短的客观因素。

第三节
宋元时期的法律思想

朱熹理学对法律思想的影响

理学又称"道学",其认为"理"为万物之本,世上万物皆由"理"衍生出来。理学的主要内容是阐发义理,兼谈性命。理学以儒家学说为核心,兼采佛道学说,建立了较为完备的客观唯心主义体系。理学萌发于唐韩愈"道统"思想,中经北宋程颢、程颐的发展,南宋朱熹集其大成。自南宋后理学被奉为正统学说,明代又经王守仁的发展,其在中国古代社会后期的思想领域中占主导地位达七百余年,其目的在于为已衰败的专制制度寻找理论上的依据。

理学的创始者程颢认为,"父子君臣,天下之定理,无所逃于天地之间",天地之间只此一理,所有一切都是此理演变而出。这说明理学与儒学是一脉相承的,其目的都在于维护三纲五常。程颐也认为只要懂得"三纲五常",则"百理皆具"。他们用"天理"进一步为伦理纲常染上神秘的色彩。他们认为"天讨有罪""天命有德",即"天"惩罚有罪过的人,而给有德行的人以奖赏。人们对"天理"不能有丝毫的怀疑,否则便是有"私欲"。可见理学又将儒学推向了极端。

朱熹

朱熹（1130—1200年），字元晦，号晦庵。徽州婺源（今属江西）人，南宋思想家。朱熹的理学以"存天理，灭人欲"为指导原则，是客观唯心主义体系。其法律思想，以正统法律思想为主体，具体表现在以下四个方面。

朱熹认为，夏、商、周三代"天理流行"，三代以下"利欲之私"泛滥，"尧舜三王周公孔子所传之道，未尝一日得行于天地之间"。因此，朱熹赞同以古代社会为模式对现实作一些变革，来恢复三代之理，以达到"存天理"的目的。但变革的指导思想则是"万世不易之常理"，即纲常名教。因此变法不能只注意"财利兵刑"等制度，而应"以仁义为先，而不以功利为急"。他认为伦理纲常是本，法律制度是末，变法就是要确立起伦理纲常的地位，而基本的制度"可因则因"，到了非变不可之时，则按以下几个步骤进行改革：先"识病症"，再"识其先后缓急之序"，从而"渐次更张"，"徐起而图之"，意即先认识社会弊病，再分轻重缓急，依次序改革，慢慢达到恢复天理的目的。

在国家治理方面，朱熹继承了先秦儒家的"人治"思想。其"人治"思想主要有两项内容。第一，君主自律重于法律。他认为君主的"心术"决定国家的治乱，"人主之心一正，则天下之事无有不正"。只要君主革去私念，悟得天理，就可使"尧天舜日，廓然清明"，即尧舜之道再现。他认为三代以后"政体日乱，国势日卑"的原因在于三代以后的君主独断专横，只重利欲，即使有了良法，国家也无法治理。第二，择人重于建制。朱熹认为，择人比制法更重要，因为法是人制定的，君主"以制命为职"，法的好坏系于君主，法又是靠人去执行的，效果决定于执法大臣。有了良法，没有良吏，良法也无法在实际中运用。另外，作为"法"，不可能尽善尽美，需要人去弥补。"大抵立法必有弊，未有无弊之法，其要只在得人"。"择一户部尚书，则钱谷何患不治？而刑部得人，则狱事亦清乎矣"。正因"人治"思想的影响，朱熹对立法并不十分重视。他认为立法应该疏略，只立一个大的原则，以便使执法者能根据具体情况，灵活掌握，给"人"以更大的主动性。

在德刑关系上，朱熹继承了孔子"道之以政，齐之以刑，民免而无耻；道之以德，齐之以礼，有耻且格"的思想，并作出新的解释。他认为德、礼、政、刑在本质上是一致的，"政刑"与"德礼"都是"天理"的产物，都是统治者进行统治的方法和工具，其目的都在于"存天理，灭人欲"。只是具体运用中，两者则有轻重本末之别。他认为，"政"是治理国家的法度，"刑"

是辅助治理的方法，"德礼"则是治理国家的根本。"德"注重内在的东西，"礼"注重外在的东西，"德"又为"礼"之根本所在。因此，政、刑、德、礼虽然不可偏废，但德礼之效远胜于政刑，"故治民者不可徒恃其末，又当深探其本也"。

在对德礼政刑的关系作了一般的阐述之后，朱熹还勾勒出德、礼、政、刑四策与人性之间息息相通的线条。他认为人的"气禀"有"浅、深、厚、薄"的差异，这种差异决定了人们"人欲"程度的不同，治理不同的人要有不同的对策。对气禀最深厚者，即自觉效忠君主者，则"导之以德"；对气禀深厚者，即能够按照道德规范行事者，则"齐之以礼"；对气禀浅薄者，即只能被动地服从国家的政令者，则"导之以政"；对气禀最浅薄者，即只为刀锯威力所折服者，则"齐之以刑"。

因此，朱熹的德刑关系说有三个特点：一是德、礼、政、刑各有明确的对象，有的放矢；二是德、礼、政、刑同时并举，没有先后，而且这四者都是"存天理，灭人欲"的手段；三是特定的条件下，先以"政"去"刑"，以"礼"去"政"，再以"德"去"礼"。德、礼、政、刑在"存天理灭人欲"思想指导下，在时间和空间上是和谐统一的，从而改造了正统法律思想"先德后刑""以德去刑"等不切实际的思想。

王安石的法制思想

王安石（1021—1086年），字介甫，号半山，抚州临川（今属江西）人。22岁时，他考中进士，参加地方行政工作，曾做过十多年州县官吏。嘉祐三年（1058年）任度支判官期间，为了化解当时的政治、经济危机，向仁宗上万言书，提出改革政治、经济的主张。神宗熙宁三年（1070年）至熙宁九年（1076年）间，他两度任宰相，积极推行农业、财税、贸易、军队等新法，即历史上著名的"王安石变法"。变法失败后，他退居江宁（今南京）。元丰二年（1079年），他再度出任左仆射，封荆国公，世称"荆公"。他是北宋时期著名的政治家。列宁曾称他是"11世纪时的改革家"。

王安石法律思想的要旨是：德、礼、刑、政并用，而强调德本刑末，大体遵循儒家正统，力主变更不合时势发展需要的旧制，要求变风俗、立法度。他的法律思想具体表现在以下几个主要方面。

1. 德、礼、法并用说

王安石认为，社会上所以产生非礼、非法的行为，主要是由于经济上的原因。为此，统治者必须首先使人们有富足的财用。但是，在人们拥有财富以后，如果不用礼加以节制，不用法加以束缚，仍然会发生违法乱纪现象。因而，统治者还必须运用"礼乐刑政"，对人民教之以道义和礼节，并待之以刑律，要求他们守礼而遵法。同时，他认为，礼和统治者的德更为重要，法是德和礼的保障，只能用来对付那些教以德和礼而仍不化服的人。

2. 变法革新论

在王安石看来，法律从来都是统治者根据时势的需要而制定或修改的，历代王朝莫不如此。宋王朝当时财力日渐困难，风俗日渐败坏，原因是没有根据现状重新修订法律。因此，他主张变法，并采取有效措施保证新法的实行。他的变法主张体现在法律上主要有：首先，他主持制定并推行了农业、财税等新法；其次，在刑事立法方面，他认为当时只注意于一些细小的事情，而不注重法所未及的犯罪，例如，对官吏的贪污规定了严厉的惩罚，而对造成官吏贪污的奢侈无度却没有规定应有的罚处，这是一种禁其末而没有禁其本的措施，是造成法令松弛的根本原因；最后，在审判程序上，他强调朝廷对全国司法活动应有统一的监督和管理，他认为，当时司法部门审理案件，自行其是、擅做决断的情况很普遍，对加强法制不利。为了严格掌握对疑案的最终裁判权和类推的适用权，他提出了逐级审核，最后由宰相、副宰相干预中央司法机关的审判，直至由皇帝裁决的主张。

3. 法治与人治统一观

王安石重视法治，同时也重视甚至更强调人治，特别是统治者在立法与执法中的作用。在他看来，是否具备实行法治足够的和胜任的人才，是实行变法的前提。他说，当时皇帝想要改革，为什么竟办不到呢？就是因为人才不足。所以，他主张在建立法度之前，必须先搜寻一批人才。因为在立法过程中离不开贤才的参与，即使有了好的法律，没有好的官吏也不行。为此，他还提出了培养、选拔、任用和考核司法官吏的具体方案：第一，在教学内

第六章 宋元时期的法律

容中陈列法律的内容；第二，设"明法科"，以律令、《刑统》大义和断狱为考核内容，凡经进士诸科考试而被录取者，必须再考一次法律，合格的才可委以官职；第三，对已任用的官吏也要进行考核。

总之，他认为不但人与法相辅相成，不可偏废，而且人比法更重要。既有善法，又有忠臣良士，才可以保证法度的实行。

知识链接

腹非罪

腹非也称"腹诽"。腹即胸腹、内心。口未陈言、手未下笔，却认为你内心之中有诽谤、非议之意，便构成了这一荒谬绝伦的罪名，成为古代文字狱最极端的形式。说它荒谬，是因为既无语言，又无文字，如何能洞悉他人的内心呢？但专制统治者自有手段，他们可以根据人的微小动作来揣测并推定其内心真实意图和想法，腹非罪由此而确立。用现代的概念解释，腹非即所谓的"思想犯罪"。这种犯罪的构成只需具备一个要件，即主观上有犯罪意图。又由于"思想"本身既看不见，又摸不着，所以这唯一要件的获得只能完全依靠主观臆断，而享有这种臆断权的往往是最高统治者。每当他们蓄意要惩处某个人或某类人，又难以找到合法借口时，只好强加一个"腹非"的罪名。

第七章

明清时期的法律

　　封建专制主义在明清两代发展到了最高峰，而《大明律》等法典的颁布则又禁锢着百姓。这一阶段，中国的古代法律也如同国家制度一样走向了没落。清朝末年，西方殖民者的入侵使清政府岌岌可危。在此历史背景下，清政府修订旧律，迈出了中国古代法律转型的步伐，他的法律思想具有历史意义的一步。

第一节
明清时期的法律制度

《大明律》的颁布

元末农民大起义推翻了元朝的统治。1368年正月，原红巾军重要领袖朱元璋即位称帝，建都南京，国号明。明代是中国封建社会后期著名的王朝，也是专制主义高度发展的王朝。

明初面临一系列矛盾，例如，起义农民和流民大量存在，对明王朝构成严重威胁；元蒙残余势力的反抗；连年战争所造成的经济衰败；统治集团内部争权夺利的斗争等。因而，需要加强国家机器和中央集权。

明太祖朱元璋虽然出身平民家庭，但他亲历了元末的暴政压迫，经历了领导红巾军的艰苦磨练，亲眼目睹了元朝覆灭的历史事实，因而十分重视总结唐宋以来历朝的统治经验。尤其鉴于元朝"不知修法度以明军政"，而致使官吏腐化、纪律败坏，最后招致灭亡的经验教训，提出了"明礼以导民、定律以绳顽"，"治乱世用重典"等有针对性的法律思想。在这种思想指导下，明初实行重典治国，制定了一系列严刑峻法。明太祖以后的各朝皇帝，虽然根据形势需要用颁发诏令的形式对朱元璋所制定的法律做过一些变通，但整个明朝以重典治国的基本原则和精神实质并无更改。

洪武元年（1368年），为了制定一部通行全国、轻重适宜的法律，朱元璋命四位大臣同刑部官员一起研究《唐律》，为制定大明法律作准备。洪武六年（1374年）冬天，刑部尚书刘惟谦等完成了《大明律》的制定，次年颁行全国，篇目仍参照《唐律》，共30卷606条。洪武九年（1376年），朱元璋认为律文有一部分不恰当，又命丞相胡惟庸、御史大夫汪广洋等对此部分进

第七章 明清时期的法律

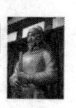

行详细审议。洪武二十二年（1390年），根据明初二十多年法律实施的经验和政权体制的变化，朱元璋命翰林院同刑部官员再一次更定《大明律》。这次修订改变了《唐律》的篇章结构，虽仍以名例冠于篇首，但以下按六部官制，分为吏、户、礼、兵、刑、工六律，共30卷460条。按六部分目，编纂法典，是中国古代法律史上的新创造，隋唐以来沿袭近八百年之久的法律体系结构，至此一变。洪武三十年（1398年），对《大明律》作第三次修改，并于修改后的《大明律》之后附钦定律诰，总称《大明律诰》。此后，《大明律》一直作为祖宗成法，历代相承，除补充一些条例外，律文没有改变。

《大明律》

《大明律》是封建社会后期一部重要的法典，它吸取了唐以后各朝法律中有利于强化封建专制主义制度的内容以及明初三十年的统治经验，因而具有自己的特色。它的条目简于《唐律》，形式有所创新，内容反映了封建社会后期的时代特点，所以为大清律所沿用。

由于明朝处于我国封建社会后期，封建经济和专制制度的发展以及各种社会力量对比关系的变化，决定了《大明律》的主要特点是以下几点。

（1）加强对危害国家统治行为的镇压。与《唐律》相比，对于不直接威胁国家统治的有关礼仪及风俗习惯等方面的犯罪，《明律》大多比《唐律》处罚得轻或等同于《唐律》，而对于直接威胁到国家统治的犯罪如贼盗等，《明律》均比《唐律》处罚得重。特别是对于谋反、谋大逆罪，一律采取重罪加重的原则，而且实施广泛的株连。

（2）设立奸党专条，严禁臣下结党及内外官勾结。明律规定在朝官员交结朋党、扰乱朝政者皆斩，妻子为奴，财产没收；凡内（宦官）外（各衙门官吏）官交结、大臣专擅选官、巧言谏免，均属奸党罪，处斩刑。这是历代法律中所没有的。明初发生的丞相胡惟庸与凉国公蓝玉两案，以奸党罪被杀的文武官吏有五万人。

朱元璋严禁"奸党"的目的，是想用法律手段，避免由于统治集团内部的权力争斗，而使明朝政权削弱和毁灭。但是，统治者之间的争权夺利，非几条法律所能防止得了的。明王朝自英宗以后，随着宦官势力的膨胀，王振、汪直、刘瑾、魏忠贤等人先后操纵朝政，内外官勾结的现象达到了顶峰，明律中关于奸党的规定，受到了彻底的践踏。

（3）严惩贪官污吏。由于朱元璋来自社会下层，参加过农民起义，他深知贪官污吏的巧取豪夺是激起民变的重要原因。所以在他即位以后，从维护国家的根本利益出发，大力提倡严惩贪官污吏。如洪武十八年（1385年），户部侍郎郭桓与北平二司官吏合谋舞弊，吞盗官粮。被告发后，六部侍郎以下数百人均处死刑，因受牵连入狱的各地官吏数万人，追赃达七百万担。但至明中叶以后，贪污罪可以赎罪，很少处死刑。

（4）加强经济立法。为了恢复元末遭到严重摧残的经济，适应农业、手工业和商品货币关系发展的需要，明朝加强了经济立法。

明初，为了保证劳动力的需要，法律严禁卖良民为奴隶，还颁发了一系列有关鼓励流民垦荒、兴修水利、实行屯田和匠户轮班等方面的法令。此外，在明律中专门列了"钞法"，以适应货币关系的发展。凡是伪造宝钞，首从犯及窝主和知情使用者，皆斩。

明律中还详列盐法、茶法、税法，严禁卖私盐、私茶和客商匿税。为了加强对手工业生产的管理和控制，《大明律》将唐宋律中有关手工业生产管理的条款加以扩充，专设《工律》一篇。对仓库管理的规定，内容比唐宋律更为广泛，处刑也比唐宋律为重。

清代的立法

清朝建立于1644年，是以满洲贵族为主体的封建末代王朝。虽然清朝处于中国封建社会后期，但是至18世纪中叶却达到了盛世。各民族的统一进一步得到加强，经济、政治、文化都较明朝有所发展。清朝法律继承了封建法律发展的源流，有些是沿用明律而重新修订，有些是在满洲旧律的基础上加以补充发展。

1616年，满族杰出的领袖努尔哈赤基本上统一了女真各部落，建立起后金政权，开始了由习惯法向成文法的过渡，满族社会也由奴隶制向封建制迅速过渡。努尔哈赤在实践中逐渐认识到法律的重要。他认为，明朝国内之所以人心混乱，就在于法令不公平、不严明，因此他要求八旗将领要怀公正之心，牢记法令。在此思想指导下，1640年入关之前，满族政权开展了一系列立法活动，颁布了一批调整变动中的经济、社会关系的法律，并制定了具有法令汇编性质的《崇德会典》。

1644年清世祖入关，建立了以满族贵族为核心、联合各族地主阶级的清王朝。基于统治全国的需要，于顺治二年设置律例馆，进行全面的立法活动。清代法规的主要形式是律例、则例、会典和适用少数民族地区的单行法。

1.《大清律例》

《大清律例》是清朝具有代表性的法典，颁布于顺治时期，历经康熙、雍正、乾隆三朝的多次修订增补。

顺治三年（1646年），根据"参照明律、参考国情"的原则，制定《大清律集解附例》，顺治四年（1647年）颁行全国。这部法典除个别条目稍有删并外，相当于《大明律例》的翻版。康熙年间曾四次修订。

雍正即位后，积极整顿内政，于雍正五年（1727年）颁行《大清律集解附例》436条，律后附有"原例""增例""钦定例"，共824条。

乾隆初，对原有律例逐条考正，进行总修订，于乾隆五年（1740年）完成，共分47卷436条律文，附例1049条。此后律文不再修改，而以续增附例来弥补律文的不足，指导法

《大清律例》书影

律的具体使用，以附例的实际地位和作用凌驾于律法之上。

从顺治修律至乾隆五年编成《大清律例》，历时近百年，积累了丰富的经验，因此律例所载内容颇为详尽。顺治初还以"律文有难明之义，未足之语"增加小注；雍正三年（1725 年）又于律文后增加总注，解释律义，以便使人容易读懂。大清律的小注虽然用字不多，但却使律义更加明晰。

2. 各部院则例

清从康熙时起，为加强对国家机关的管理，充分发挥其职能，陆续制定各部院则例。则例是一种重要的法律形式，数量极多，对于国家行政管理活动起着重要的调整作用。主要有以下几种。

《刑部现行则例》：康熙十九年（1680 年）为调整律与条例之间的轻重互异而制定的，后并入正律以内。

《钦定吏部则例》：雍正十二年（1734 年）编成，乾隆、嘉庆、光绪各朝均加以修纂，主要内容是各部的职掌、官员的选拔和品级以及对各部违法行为的处分，具有行政法规的性质。

《钦定户部则例》：乾隆四十一年（1776 年）编成，后经多次修订，主要内容除规定户部职掌外，分立户口、田赋、库藏、仓庾、漕运、盐法、参课、钱法、关税、廪禄、兵饷、蠲恤、杂支等门类，类似经济法规。

《钦定礼部则例》：嘉庆九年（1804 年）编成，道光二十四年（1844 年）增修，共分仪制、祠祭、主客、精膳四个门类，是关于国家礼仪方面的行政法规。

《钦定中枢政考》：康熙十一年（1672 年）由兵部编成。雍正、乾隆、嘉庆、道光各朝均有修订，主要内容是武官品级、升迁和军政。嘉庆时内容分为八旗则例、绿营则例、处分则例三大类，具有军事法律的性质。

《钦定工部则例》：乾隆十四年（1749 年）编成，嘉庆、光绪朝续加修订，主要内容是有关乘舆、仪仗和军器的制作。光绪时分为营膳、船政、河防、水利、军火等项。

《理藩院则例》：理藩院是清王朝管理蒙、回、藏事务的机关，也掌管一部分属国及其他外国交往事务。康熙二十六年（1687 年）制定《理藩院则例》，乾隆、嘉庆、道光、光绪年间均有增订，是专门适用于蒙古人的法律。由于理藩院兼管对俄罗斯的交涉事宜，因此则例中还规定有《俄罗斯事例》。

《理藩院则例》确立了蒙、回部的行政系统,加强了对该地区的司法管辖,有利于加强和巩固清朝统一的多民族国家的统治。

《兵部督捕则例》:顺治三年为维护封建农奴制而制定的惩罚旗下逃亡奴仆的法律。为缉捕旗下"逃人",顺治十年(1653年)专设督捕衙门,隶属兵部。《兵部督捕则例》因用法不平,株连过多,造成社会动荡,因此清政府于康熙十五年(1676年)进行修订,放宽"逃人"法。后被废弃。

3. 会典

从康熙时起,依照《大明会典》制定《康熙会典》。其后,雍正、乾隆、嘉庆、光绪四朝均续加修订。大清这五朝会典是以行政法为主要内容的法典,记述了清从开国至光绪朝有关内阁、六部、院、寺、府、监等机构与职掌、事例和活动原则。内容比唐六典、明会典丰富,体例也更为严谨,被称为"清帝国的宪法"。

4. 适用于少数民族聚居区的法律

如《回律》《蒙古律》《苗律》《西宁番子治罪条例》等。

泛滥的文字狱

在封建时代,因文字著述被统治者罗织罪名形成罪案者,称为"文字狱"。文字狱自古有之,然文网之严密、处刑之惨重、杀人之众多,以清代为最甚。清代文字狱自顺治开始,中经康熙、雍正,止于乾隆,延续四朝,历时一百四十余年。这一时期,随着封建社会内部资本主义萌芽的发展,在知识分子中兴起了以反对封建专制主义为主要内容的启蒙主义思潮和具有民族意识的社会舆论,猛烈地冲击着封建专制统治。加之少数民族掌权,对汉人的反清情绪极为恐惧,正是在这种形势下,清朝实行了历史上空前严峻的文化高压政策。所谓"文字狱",实际上就是这一高压政策的具体表现。

为了镇压所谓"思想异端",清朝运用广泛株连的血腥手段,对那些被认为有同情朱明、"诋毁"清廷行为的文人迭施挞伐,横加屠戮。康熙时,庄廷钺的《明史》案,就是突出的一例。顺治、康熙年间,浙江庄廷钺召集学人编辑《明书》，称努尔哈赤为建州都督，不书清帝年号，而书隆武、永历等南明年号，庄廷钺在自己所补编的崇祯朝历史中，亦有攻击满人之辞。1663年，此事被归安知县吴之荣告发。当时庄廷钺已死，清廷便下令开棺焚尸，他的弟弟及弟之子孙，凡15岁以上的均被斩首，为庄书作序的李令哲和他的四个儿子也都被凌迟碎割。南浔县有个大富翁朱佑明，和吴之荣有仇隙，吴之荣便乘机捏造说庄书中所称"旧史朱氏"是指朱佑明，于是朱佑明和他的五个儿子也全被处死。此外，此案牵涉的刻匠、刷匠及藏书者，甚至事先未发觉的地方官府人员共70余人，也都被诛戮。康熙时另一件有名的文字狱是《南山集》狱。翰林院编修戴名世在他所著的《南山集》一书中，对南明诸王朝抒发了一些感慨、同情之辞，并写了南明桂王永历年号。康熙五十年（1711年），被左都御史赵甲乔告发后，戴名世本人被斩，因此案受牵连者达三百余人。

险些因文字狱失传的古籍

清王朝是以极少数满族贵族对汉族和各族的广大人民实行统治的，他们想方设法维护君主和自己的民族、国号的尊严，常常是挑剔文字、捕风捉影，寻找"政敌"，造成了大量冤狱。乾隆时，内阁大学士胡中藻所写的《坚磨生诗抄》中有一句"一把心肠论浊清"，遂被指责说是故意加"浊"字于清国号之上；诗中的"与一世争在丑夷""斯文欲被蛮"等句，因有"夷""蛮"

第七章 明清时期的法律

字样,被说成是辱骂"满人";又有"老佛如今无疾病,朝门闻说开不开"句,被斥为是讥讽乾隆的朝门不开。特别是胡中藻曾做过广西学政,所出试题中有"乾三爻不象龙说"七字,被说成是诋毁乾隆年号。根据这些所谓的"罪行",便把胡中藻斩首于市。比如,有个叫徐骏的封建官吏,因其诗中有"清风不识字,何故乱翻书"句,被指责为是蓄意污辱清室而遭杀害。再如,著名诗人沈德潜,因为其《咏黑牡丹诗》中有"夺朱非正色,异种也称王",被说成是骂清廷是"异种",不是"正路货色",也被剖棺戮尸。如果说清初始兴文字狱时,像庄廷鑨《明史》案这样的案件多少还有点事出有因的话,那么到了雍正、乾隆两代的"文字狱"却带有明显的随意发挥,以至于用"莫须有"的罪名打击反对派的特点。如雍正时所发生的"查嗣庭试题案"就是一个典型。查嗣庭系康熙四十四年(1705年)进士,官至礼部侍郎。因为查嗣庭与雍正的反对派有些瓜葛,雍正心怀忌恨,挖空心思从他所写的文字中寻找毛病,以便置其于死地。雍正四年(1726年),查嗣庭出任江西主考。据《永宪录》卷四记载,他根据科举八股文命题的惯例,选用了《易经》《诗经》上的"正""止"二字命题(俗传用"维民所止"四字出题,被人告发为"维""止"二字是影射"雍正无头",这与史实不符),由于使用了雍正的"正"字,"止"又是"正"字无头,遂被说成是借出考题讽刺时事,居心叵测,被雍正下令革职查办。结果,查在狱中死去,被戮尸枭首,子辈株连死罪,家属流放,并停原籍浙江乡试六年。

　　清代的文字狱案,滥用无常,且多是荒唐绝伦,纯属无中生有。这里举"徐述夔诗案"为例。徐述夔是雍正、乾隆时江苏的一名文人,死后留有刻板《一柱楼诗》及《传》各一本,其时朝廷搜查"禁书"甚严,徐述夔的孙子徐食田惧怕因文字招祸,出于万全之策,就于乾隆四十三年(公元1778年)主动将祖父的两书交出。当时江苏藩司陶易、幕僚陆琰办理此案,未发现有"攻击"之词。后来却被人检举出书中有"明朝期振翮,一举去清都","大明天子重相见,且把壶儿搁半边"等句,就被乾隆定为"大逆"不赦之罪。本来,徐诗中的"明朝"是指"朝夕"的"朝","去清都"是"到都城"的意思,但乾隆皇帝却一口咬定这是"意欲兴明朝而去我本朝"。至于"壶儿",也被胡扯为用"谐音"骂清朝是"胡儿"。于是,便将徐氏家族及校对人等,死者戮尸枭首,活者处死,身为藩司的陶易和幕僚陆琰等人也被定为"负恩玩法"之罪,格杀勿论。

知识链接

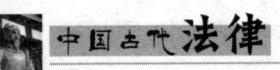

清末的"高考移民"

"高考移民"不一定是真的移民,不少考生只是弄了一个假户口,为了投机取巧,假冒其他省籍投考者,称之"冒籍"。我国近代的实业家、政治家、清末状元张謇,在参加童生试时,也是冒籍考中的。

张謇是江苏省海门县常乐镇人,那时海门属于通州,由于其世代务农,祖上没有参加科考之人,在老师宋璞斋的建议下,认了一个如皋人为祖父,改名张育才,在同治七年(1868年),在如皋参加科举考试,并顺利通过童生试中的县试、州试,而且在最后院试时名列前茅,获得"秀才"称号。

本来考中秀才是很光彩的事,谁知道他冒认的祖父,是一个抽大烟的破落户,为人阴险狡诈,借此机会向张家勒索财物,为此张家负债累累,原本的小康之家几乎倾家荡产。这还不算,只要张家拒绝,"祖父"还会向官府告发张謇不孝,同治十年(1871年)四月,张謇听说官府要拘押他,就连夜冒雨逃走了。

最后,终于在忍无可忍的情况下,张謇主动请求革黜秀才身份,让其回通州原籍重新考试。他的这种做法得到了一些正直官员的支持,最后经礼部核准,同治十二年(1872年),张謇被划归通州本籍秀才。光绪十一年(1885年),张謇中顺天乡试,成为举人。光绪二十年(1894年),慈禧太后六十大寿,举行恩科会试,张謇得中状元。

由此,我们也能看出,冒籍的类型和冒籍的案件都是多种多样的。但不管哪种类型,他们只有一个目的,就是想通过冒籍这种方式金榜题名,这样一来,必然给冒籍地的士子造成不公。

第二节
明清时期的法制人物

明代包龙图：况钟

况钟（1383—1442年），字伯律，号如愚，江西靖安县人，一生经历了明朝成祖、仁宗、宣宗、英宗四个皇帝。明成祖永乐四年（1406年）至十二年（1414年），他在家乡靖安县当书吏。永乐十三年（1415年），礼部尚书吕震非常赏识他，推荐他为正六品礼部仪制司主事。他在任职期间，先后受到明成祖朱棣31次嘉奖。永乐二十二年（1424年）八月，明仁宗即位后不久，他被越级提升为正四品仪制司郎中。明宣宗宣德五年（1430年），因郡守多不称职，他被荐举出任全国税粮中心地区的苏州府知府。况钟在苏州期间政绩卓著，留任达13年之久，于英宗正统七年（1442年）卒于任上。

宣德年间，可以说是明代全盛时期，明宣宗朱瞻基也是一个比较开明的皇帝。然而，当时作为国家税粮最集中的苏州地区，由于官吏贪婪腐化，赋税苛重，加之豪强地主大肆兼并土地，农民因为生活困难，大都不得已而背井离乡，逃往他地，致使田地大批荒芜，拖欠朝廷的赋税数百万石之多，人称苏州为"难治之府"。朱瞻基明白，如果苏州府的税粮收不上来，朝廷的财政经济就要陷入困境。他便接受礼部尚书胡溁等的推荐，任命况钟为苏州知府。况钟临行时，朱瞻基亲自设宴欢送，亲赐敕书，并授予他遇事可越级上报朝廷和把贪官污吏直接解京的权力。况钟"手捧天书"到任后，怀着一展抱负、报效祖国的决心，竭力兴利除害，果然做出了一番政绩。

况钟上任之初，就写了一篇以整顿吏治为主要施政方针的座右铭。他说："不坚决执行法律，就无法纠正官吏的不正之风；不纠正官吏的不正之风，就

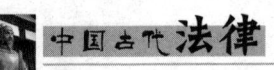

繁华至今的苏州古城

不能使老百姓安定。"他到任头一个多月中,就不动声色地亲自调查属官、属吏的所作所为,一一记录在案,然后当众宣布那些有害民劣迹的官吏的罪行,对其中情节特别严重的六个官吏,立即处以死刑。对于其他案件,审理清楚后,他坚决依法处置。苏州府经历傅德、昆山县知县任豫、长洲县吏薛孟真等贪赃枉法,用酷刑拷打粮长、里老,榨取银两,况钟闻知查明后,便把他们押解进京,听候发落。薛孟真被押解到京后,气焰十分嚣张,公然对况钟进行诬告。况钟便写了《陈明贪官反噬诬奏》,辨明真相,终于使薛孟真受到严惩。他还大刀阔斧地撤换了苏州府经历司知事孙福以及长洲、常熟、吴江、昆山县知县等一大批平庸无能的属官。在况钟严肃认真的治理下,苏州的贪污风气逐步扭转,吏治也比以前大为清明。

明代经常派遣巡按御史到各地进行巡查,察看民情,了解各级官吏是否尽职尽责。朝廷制定了《宪纲》,对巡按御史的权限与地方官吏相见的礼节及工作关系均作了明文规定。可是实际上,大多数御史欺上凌下,并不遵守《宪纲》。对此,宣德七年(1432年),况钟上了《请申明御史、知府相见礼奏》,要求御史按《宪纲》办事。正统元年(1436年)十月,巡按浙江的监察御史王琎从任上回京时，居然"越驿乘舟"，一路上作威作福。况钟上书纠劾，促使朝廷将王琎逮捕法办，一些清廉正直没有向王琎阿谀行贿而受迫害的官吏，也得到了平反昭雪。

除了上述事迹之外，况钟在苏州任知府期间，兴修了太湖水利，设济农仓，防备饥荒，修建学校、培养人才，选拔和培养了一批廉洁的属官。其所建政绩，为明代苏州府前后知府所莫能及。

况钟刚正执法，兴利除弊，深受苏州百姓爱戴，因而一再被乞请留任。宣德六年（1431年）三月，他被朝廷解职回原籍后，苏州百姓四万余人上本章称赞况钟贤能，请求重新任用况太守。于是，朝廷决定对他"夺情"复任。正统四年（1439年）冬，况钟任苏州知府九年到期，又有吏民1.8万余人请求巡按御史张文昌，允许况钟连任，朝廷因此下诏晋升况钟三品官俸禄，并继续任苏州知府。况钟死后，吏民悲痛万分，建立了况公祠纪念他。

清官海瑞

海瑞是我国明代著名的清官。他一生刚正廉洁，执法如山，自号"刚峰"，著有《海刚峰集》。在明朝末年，海瑞是全国皆知的人物，老百姓称誉他为"海青天"。

明朝正德九年（1514年），海瑞出生在广东琼山县一个小官僚家庭。他4岁丧父，家境贫寒，依靠寡母抚养长大。他37岁那年中举，被任为福建延平府南平县教谕。之后，又先后任淳安、兴国知县，户部主事。因上《治安疏》批评嘉靖皇帝，他被捕入狱。隆庆三年（1569年）时他任应天巡抚，又因推行打击强豪、抑制兼并的政治法律措施，被革职回籍，居家达十多年之久。万历十三年（1585年），他被重新起用，先后任南京吏部右侍郎和南京都察院右都御史，两年后在南京任上去世。

海瑞活到74岁，一生经历了正德、嘉靖、隆庆、万历四朝。他生活的时代，是明王朝从全盛走向衰落的时代，也是政治最为腐朽、贪污成风的时代。海瑞在其任官的18年中，自奉节俭，力矫旧弊，限田均赋，兴修水利，为人民做了许多好事。特别是他不畏强权、秉公执法的精神，在中国封建社会的官吏中尤为罕见。

海瑞从维护法制出发，极为痛恨贪官污吏。当时，朝廷上下，贪赃枉法成为风气，老百姓苦无生计，无不怨恨思乱。海瑞认为，天下民怨沸腾，叛乱不绝，都是因官吏荼毒百姓所致。他认为朝廷对贪吏处刑太轻，主张对贪官污吏处以重刑。然而，他的疾呼，得不到皇上的丝毫重视，他只好痛下决心，不管"充军也罢，死罪也罢"，一定要在他权力所能达到的范围内抑制贪赃。在他任浙江淳安知县的时候，有一次，总管八省盐政的巡盐都御史鄢懋卿要经过淳安，海瑞知道他是一个骄奢淫逸、竭民脂膏的巨恶之徒，就义正辞严地给他写了一封信。信中说淳安地小，百姓穷，容不下鄢老爷的大驾，并说，你来淳安"不利于执法守礼"，请他从别处走。鄢懋卿看信后气得发抖，但又没办法，只好忿忿绕道而去。后来，鄢懋卿指示他手下巡盐御史袁淳，捏造罪名，陷害海瑞。这时，海瑞已得朝廷命令升嘉兴通判（知府的副职），由于袁淳的诬陷，朝廷把他降职为江西兴国县知县。

海瑞被降职担任兴国县知县后，惩贪抑恶的决心一点没有减退。南昌退休尚书张鳌的两个侄子张魁、张豹到兴国县买木材，打人抢劫，诈取老百姓的木材银两，海瑞将其依法逮捕治罪。但是，在张鳌的串通贿赂之下，赣州府官吏把张魁、张豹放回家。海瑞知道后，便向上级上书，揭露赣州府包庇二张和张鳌行贿的行径，这体现了海瑞不畏强暴、严格执法的精神。

明代后期，土地兼并现象十分严重，农民的负担越来越重。隆庆三年（1569年），海瑞任应天巡抚时，到松江查勘，不到一个月时间，就接到老百姓上万份控告地主占田的状子。海瑞一向主张限田均赋，看到这种情况，他决定把地方官僚非法侵占的田地退给农民。江南最大的地主之一是宰相徐阶。此时，徐阶正好致仕在家，海瑞便要他先行退田。徐阶在嘉靖末年海瑞上书抨击皇帝时，曾从中搭救海瑞，颇费周折。徐阶感到自己有恩于海瑞，便凭着老面子亲自向海瑞求情，却遭到了严正拒绝，徐家只好被迫退田。徐阶的弟弟徐陟，在民间横行不法，残害百姓，海瑞也把他逮捕法办。通过这件事后，地方官执行海瑞的退田政令，不敢再怠慢，大地主强豪们有的吓得逃往他方，有的只好依法退田。

由于海瑞的退田政策侵害了地主官僚的利益，他们竭尽攻击之能事，向皇帝上书诬告海瑞，说他"包庇奸民，鱼肉地主富民，扰乱政局"。海瑞也针锋相对地上书驳斥道："从今日来看，可以说老百姓是虎，乡官是肉。却不知乡官在此之前已为虎二十年，百姓已为肉二十年。今日乡官之肉，是百姓原有的肉，从前将它夺来，今日应当归还，这并非乡官之肉。况且今日归还的只是夺走的十分之一、百分之一。"海瑞的话，字字切中时弊，但在朝纲昏乱、奸臣群起攻击的情况下，他只做了半年应天巡抚，就被革职回家，直到十多年后才得以重新任用。

海瑞一生除祖传的十余亩地外，没有添置过田产。他任职期间，杜绝一切贿赂，只靠月薪过活，不多取百姓半文。他穿的是布袍子，吃的是粗米饭，衙门里有空地，自己种菜，家人上山砍柴。他为母亲过生日，只买了两斤肉。朝廷的巡按御史前来察访，他也只是粗茶淡饭接待。他死后，全部家财只有俸金十多两银子和绫、绸各一匹，清贫得比一般寒士还不如。

在为官的18年中，海瑞坚持慎查细访，公正处理了不少诉讼案件。他反对兴讼之风，对诬告加重处罚；反对草草结案，坚持听讼要直究到底。在人命诉讼案件中，他提出犯罪行为未查实之前先以无罪对待，即现代法中的无罪推定原则。他允许口诉，方便百姓，主张执法不徇私，对庶民和乡官应同等适用法律。他重调查、讲证据，平反了不少冤狱。由于海瑞断狱有方，执法公允，附近一些地区的重大和疑难案件，也都要求他参加会审。

为了拯救明王朝即将倾覆的大厦，也为了黎民百姓，海瑞舍生忘死奋战了一生。在贪赃遍天下的黑暗世界里，像海瑞这样屡遭迫害、不屈不挠、坚持惩贪抑霸的清官，是极为难得的，因而他得到了人民的爱戴和颂扬。海瑞死后，百姓停市很多天以示悼念。出殡那天，老百姓身穿丧服夹岸送别，哭声延绵百余里，不绝于耳。他的事迹，主要是审案方面的故事，在各种公案传说和历史剧中，被大加渲染，在民间广为流传。

断案奇才：于成龙

于成龙是个大器晚成的人。他在明崇祯十二年（1639年）曾经参加过乡试并中副榜贡生，但因为父亲年迈需要照顾而没有出去做官。直到顺治十八年（1661年），44岁的于成龙才以明经谒选清廷吏部开始做官，离开家乡山西永宁州，到遥远的边荒之地柳州罗城为县令。此后，他历任知州、知府、道员等地方官，一直做到藩臬二司（按察使、布政使）、督抚大员，所到之处，皆有政声。尤其是其始终清廉自守、多行善政，深得士民爱戴。康熙皇帝曾称赞其"咸称居官清正，实天下廉吏第一"。

康熙九年（1670年），于成龙就任黄州府同知，镇守岐亭。岐亭位于大别山南麓，新洲、麻城、红安三县交界处，是三不管地带，素有"十八蛮县"之称。白天歹徒打劫，晚上盗贼横行，可官府却置之不理，并不立案。为什么？因为这里的盗贼久盗成性，十分狡猾，难以捕获，又以报复为能事，办理盗案十分棘手。若立了盗案，上司就会限期破获，如若到期不能告破，轻则遭斥责，重则丢官治罪。

这样一来，盗贼更是肆无忌惮，往往明火执仗，光天化日之下也敢抢劫杀人。百姓怨声载道，苦不堪言。

上任伊始，于成龙便一改前弊。一方面，他总是亲自访察，为了摸清盗情和每一件重大盗案，他多以"微行"的方式，扮作田夫、旅客或乞丐，到村落、田野调查疑情，从而对当地盗情了如指掌。他还特意在衣内置一布袋，专放盗贼名单，"自剧贼、偷儿踪迹无不毕具，探袋中勾捕无不得"。另一方面，他命令将接连不断发生的盗案一一上报，并责成各县加紧侦破，违者治罪。

消息传出，各县哗然，大小盗贼看了官府的捕盗告示，更是惶惶不可终日，歧亭盗贼从此收手，于成龙"歧亭息盗"的故事至今还流传在鄂东一带。

于成龙对待案犯主张慎刑，以教为主，采取"宽严并治""以盗治盗"的方法，取得了突出的效果。于成龙推广和完善保甲法，对稳定社会治安起到了根本的作用。于成龙铁面无私，能谋善断，被百姓呼为"于青天"。由于在黄州府同知任上的突出政绩，于成龙又深为湖广巡抚张朝珍器重，再次被举"卓异"，升任武昌知府。

于成龙画像

第七章 明清时期的法律

康熙十七年（1678年），于成龙由武昌知府调任为福建按察使，上船前，他买了几十斤萝卜放在船上。人们觉得奇怪又好笑，问他："这种便宜的东西，买许多干什么呀！"他说："此去水路航程很远，我要用它当饭吃。"

在福建，于成龙办案公允，无论属员或百姓有讼情狱案，一律不徇私情。当时福建有不少外国商人，常以送样品试用为由，向他行贿，结果都被他严辞拒收了。外国人看到于成龙如此廉洁纷纷赞叹说："我们走遍世界各地，从未见过这样廉洁自律的长官。"所以，他办的案子，无人不服。

康熙十九年（1680年），于成龙升任直隶巡抚。官场中有句老话：京官难当。京畿之地，八旗豪强横行不法，有法不能治。康熙皇帝特意将于成龙放在这个位置上。在任上，于成龙支持清官廉吏，打击贪官污吏，八旗豪强见势不妙也不得不收敛。于成龙把直隶治理得井井有条，很受康熙的赏识。第二年，康熙在紫禁城懋勤殿亲自召见他，表彰他是"今世清官第一"，赏赐白金、良马、御制诗等，以此嘉奖他的廉能。

康熙二十年（1681年），于成龙升任两江总督，成为主管江苏、安徽和江西三省的大员。上任时，久闻于成龙大名的当地文武官员全部早早地到南京城外迎候，场面非常壮观。可是，众人一直等到天黑也未见这位新总督的影子，大家纷纷议论是不是把总督到达南京的日期搞错了。这时，有人跑来报告说，总督大人早已单骑进府，百官顿时惊慌失措，急忙回府。原来，于成龙仅仅带了一个小儿子，雇了一辆骡车，沿路查访而来。

在两江总督任上，于成龙常常化装私访，了解民情，暗察官吏，以致江南官吏每遇到白发伟貌者，即互相转告，无不震慑。

康熙二十三年（1684年），在两江总督任上只工作了三年的于成龙病逝，享年68岁。署中的官员去他家吊唁，看见他的遗物只有床头一个破箱，里面有一套官服、官靴，瓦缸中粗米数斛和几罐盐豉，众人无不相哭失声。

于成龙去世的消息一传出，"民罢市聚哭，家绘像祀之"。后来，凡是他做官的地方——江宁、苏州和黄州等地都为他建立了祠堂，以缅怀这位真正的"青天"。康熙称于成龙是"天下廉吏第一"，加赠太子太保，予谥"清端"，并御书"高行清粹"为祠额。于成龙传世之作有《于清端政书》，又名《政书》。此书被《四库全书》收录。

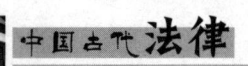

知识链接

明初的空印案

空印案发生在明初洪武年间。明初,每年布政司、各府州县官吏前往户部核对钱粮、军需供给等事宜,因为路远,往往带着事先开好的空印文书(加盖印章的空白公文),以备急用,此事习以为常。但是洪武十五年(1382年),朱元璋知道此事后非常生气,怀疑其中有弊,责令严查。凡是与此案有关的部门及地方官员一律处以死刑,助理官员处以杖一百,戍边。受牵连者达万人以上。

《大明律》中有这样的规定:对于受财枉法的"枉法赃",从严惩处,一贯以下杖七十,八十贯则绞;对于监守自盗,不分首从,并赃论罪,满四十贯即处斩刑;对于执行监察职务的御史,若犯贪污罪比其他官吏加重两等处刑。像明朝这样用严刑惩治贪官污吏,在历史上是少有的。

第三节
明清时期的法律思想

朱元璋的法制理念

朱元璋(1328—1398年),即明太祖,是明王朝的开国皇帝。他出生在濠州钟离(今安徽凤阳)的一个农民家庭里,做过雇工,当过和尚,25岁时

第七章 明清时期的法律

参加元末农民起义,不久便成为一支农民起义军的首领,并于1368年建立明王朝,推翻了元朝统治,逐步统一了中国。朱元璋在领导农民起义和兼并其他农民起义军的过程中,由于历史和阶级的局限性,转化成为封建地主阶级的代表人物。朱元璋41岁时正式称帝,在位31年(1368—1398年)。在他执政期间,采取了一系列政治、经济、军事、法律和文化的措施,使封建君主专制的中央集权制度得到了空前加强,社会经济也有很大的恢复和发展。他继承汉、唐、宋、元各朝所制定的一套政治法律制度,

朱元璋画像

并根据明初的历史条件,进一步加强了封建法制建设,为明王朝近280年的统治奠定了基础。在中国封建社会后期的历史上,朱元璋是一位颇有作为的地主阶级政治家。朱元璋的法律思想,概括起来有这样几个方面。

1. 立法定制,"当适时宜","当计远患"

朱元璋认为:"帝王之道,贵不违时。"也就是说,法律必须符合客观形势的需要,适应时代的变化,才能更好地发挥其作为统治工具的作用。从"当适时宜"的思想出发,朱元璋在制定《大明律》时,坚决反对那种不顾客观实际,拘泥于古代成法,一概抄袭照搬的做法。

朱元璋在主张立法"当适时宜"的同时,还强调立法应"当计远患","不可苟且,惟事目前"。就是说,法律定制不仅要通晓今天的情况,还必须考虑长远利害。他反复告诫群臣说,只有"当计远患",才能使法律"有利于天下""贻于后世"。在这一思想指导下,洪武年间,他反复修订《大明律》,要求其刑罚务必"以求至当""务合中正"。在刚刚开始制定《大明律》时,朱元璋曾提出"严则民知畏而不敢轻犯"的主张,要求立法时从严规定刑罚。其后,他认识到,明律应是"传之万世"的"常法",便改变了自己的这一主张,说重典只是"此特权时处置,非守成之君所用常法"。

2. 治乱世用重典

坚持用严刑保障封建法律秩序，是朱元璋法律思想的核心内容。明王朝建立之初，社会的各种基本矛盾十分尖锐，加之连年战争的破坏，社会经济凋敝，政局不稳。朱元璋总结元朝灭亡的教训，认为元朝失败的主要原因是"不知修法度以明军政"，法律对官吏特别宽纵。

为了替自己实行"重典"政策的合理性、必要性寻找理论根据，朱元璋反复强调说，他推行重刑是不得已的，是官吏和老百姓逼他这样做的。他在《明大诰》中喋喋不休地说：当今官吏"不才者众，往往蹈袭胡元之弊"，朝廷"每常数数开谕"，而官吏明知故犯，视朕命如儿戏，实是积习太深。又说，老百姓"不善之心犹未向化"，"视国法如寻常，受刑宪如饮食，虽身被重刑，残及肢体，心迷赃私恬不自畏"。因此，他必须用重刑"惩一而儆百"，以便收到"以刑去刑"的效用。朱元璋这样讲，用心良苦，他既想利用重刑镇压臣民，达到特定的政治目的，又想粉饰自己的血腥恐怖统治，把自己打扮成一个"仁义好生"之君。

3. 法贵简明、稳定

朱元璋主张立法要从简。他说："法贵简，当使人易晓，若条绪繁多，或一事两端，可轻可重，吏得因缘为奸，非法意也。"又说，"网密则水无大鱼，法密则国无全民。"（《明史·刑法志》）他斥责刑部尚书开济议法巧密，指出，刑法之设，本以禁民为非，使之远罪，非以陷民。用密法去网罗无知之民，用心太苛刻。从这里可以看出，朱元璋提倡立法从简的出发点有三：一是"使人知晓"，不要以身试法；二是防止因法律条绪太多，一事两端，使得奸吏可以乘机徇私舞弊；三是怕法网太密，会招致人民的反抗。在唐初立法时，唐太宗李世民就曾经多次强调过，"国家法令惟须简约"的立法方针。朱元璋吸取和发展了李世民的这一法律思想，并在制定《大明律》过程中加以贯彻。在中国封建社会的法律史上，《唐律》被誉为是一部"最为易明得当"的法典，而明律比起《唐律》来，则是更为"简约"，其篇目从《唐律》的12篇减少为7篇，法律条款由《唐律》的502条减为460条，《大明律》在中国法典编纂史上具有革故鼎新的划时代意义。

4. 礼法结合，礼刑并用

提倡礼法结合、礼刑并用，是朱元璋的一个重要的法律思想。关于礼、法在治理封建国家中的作用，朱元璋在《大明律序》中作了如下概括："明礼以导民，定律以绳顽。"换句话说，是以封建礼教束缚人民，用封建刑罚镇压人民。他经常把礼和法联系在一起谈论它们的重要性，指出，"礼乐者治平之膏粱，刑政者救弊之药石"（《明太祖实录·卷一六二》），只有"以德化天下"，又"张刑制具以齐之"，"恩威并济"，就能上下相安、天地清宁。从而明确地阐述了礼法两者在巩固封建地主阶级专政中互相渗透、互相补充的关系。

王守仁的法律思想

王守仁（1472—1529年），字伯安，世称"阳明先生"，明代中叶人，哲学家、政治家。明代中期阶级矛盾与民族矛盾不断深化，危机四伏。出于挽救社会危机的动机，王守仁上承陆九渊的哲学思想，给历经三百余年已经教条僵化的程朱理学注入新的内容，创立了"致良知"和"知行合一"的心学。其实质上是将伦理道德——程朱所说的客观的早有的"天理"说成是人心所固有的东西，以便从人们心灵深处压制人们的所谓"邪念"。

"心学"的主要内容是讲"心外无物"，即"身之主宰便是心，心之所发便是意"，"意之所在便是物"，人想到什么，什么就存在。同时，王守仁继承了董仲舒的"天人感应"说，把自然界的变化附会于"人事"方面。他认为"至治之世，天无疾风盲雨之怨，而地无昆虫草木之孽"。因此，为政"必谨修其政令，以奉若夫天道"。这个"天道"实际上就是

王阳明画像

程朱所言的"万世不变"的伦理纲常。可以看出，程朱学派与陆王学派虽有客观、主观唯心主义之分，但政治目的却是相同的，他们"同值纲常，同扶名教"。在法律思想上，王守仁与朱熹一样是正统法律思想的维护者。只是在君主专制社会后期，由于形势大大地异于隋唐以前，其对正统思想作了某些必要的变通。

因为王守仁处多事之秋，正常的法律制度不仅难以在实际中实施，而且难以应付当时的局势，所以王守仁与前代立法者不同，他很少论述法律的繁简宽严问题，而是切中时弊提出立法应因时因地而制宜的问题。

明代资本主义萌芽在"强本抑末"的传统制约下，艰难地生存着。王守仁看到商业活动对社会经济发展、社会秩序稳定带来的好处，同时为了镇压各地的农民起义，必须筹措军饷，因此他认为，应改革禁商贩的传统政策，制定税法，使"商贾疏通"而国家"照例抽税"。这样既可解决军饷不足的实际困难，又有利于政治的稳定和经济的发展，形成"官商两便"之局面。制定税法，是王守仁因时立法思想的反映，但这并不表明王守仁反对"重农抑商"的传统思想，相反，他认为税法不过是特殊情况下的"一时权宜"，"候事稍宁，另行具题禁止"。

王守仁在立法中，不仅强调时代的特殊性，而且强调地域的特殊性。他认为，法律制度的设立必须依据当地的具体情况，"犹行陆者必用车马，渡海者必用舟航"，因地区不同而不同。在镇压了思恩、田州的兵乱之后，他通过实践总结道："思、田地方，原系蛮夷瑶僮之区，不可治以中土礼法，虽流官之设，尚且不可，又况常设重臣住扎其地。"因此，设法应"以顺其情不违其俗，循其故不易其宜"为准，表现了其因地制宜的立法思想。

这种因时因地而制宜的立法思想与王守仁主观唯心主义的思想并不矛盾。因为王守仁认为"心"为万物本原，在人类社会中"心"则体现为道德伦理观念，这种观念表现在人生来就有的"良知"中。

因此，人只要去掉"物欲"皆可为圣贤。法律若因时因地，恰如其分，则可起到"教化"的作用，使人皆"致良知"。

在德、刑关系上，王守仁并未着重论述其主辅、先后的问题，而是着重于其作用的研究。他认为治理国家，首先要使社会有一个好的风尚。"古之善治者，未尝不以风俗为首务"。但是以往只重视教化改革风俗的作用，不重视刑罚，认为刑罚的作用只是使人安分守己，而不能使人"致良知"，除"心腹之寇"只有依赖教化。这种看法是片面的，也是失策的。因为刑罚也具有改造风俗的作用，其不仅可以以力服人，而且可使人知耻，革心洗面。王守仁认为，国家制定的法律往往是实际教化的必备条件，德刑的关系实质上是互为表里的关系。在实践中，王守仁也经常使用法律手段推行教化的实行。如其发布《告谕》规定：节俭办丧事，"不得用鼓乐，办佛事"；病者应求医药，"不得听信邪术，专事巫梧"；婚事从俭，"不得徒饰虚文"等。

总之，王守仁法律思想的主体是维护伦理纲常，目的在于挽救明代中叶的腐败统治。他主张教化，认为教化是长治久安的上策；但也重视刑罚，认为刑罚是改革风俗的必备手段。在特殊的形势下，他对正统法律思想虽有诸多的变通之处，但与朱熹一样，这种变通并未脱离正统法律思想的轨道。相反，其目的与宗旨在于使封建正统法律思想能够重新振兴。

丘浚的法律思想

丘浚（1420—1495年），字仲深，号琼台，是中国古代自秦以来少有的较为专门的法律学家。其长期担任经史子集及历朝政事的研究工作，曾为翰林院编修、侍讲、文渊阁大学士，因而他熟悉中国历代的律令制度。他对自汉以来所形成的正统法律思想进行了系统的总结，著有《大学衍义补》。书中对历代政治、经济、法律、伦理、军事、民政、学校等方面的制度作了总结，并有自己的评价。他对正统法律思想按自己的理解作了发挥，提出了许多颇有建树、颇有价值的主张。

丘浚对正统法律思想的总结与发挥主要表现在以下六个方面。

1. 法律的起源

丘浚肯定了董仲舒的神权天命说。他认为"号令之颁、政事之施、教条之节、礼乐制度之具、刑赏征讨之举"皆"承天意也"。君主、圣人是天与制度的中介，他们"承天意"而立法设刑。但是，丘浚并没有把天人格化，而只说天意是"天地自然之理"。这种法律起源说是朱熹"存天理"思想的发展，即法律是"天理"的存在，这使正统法律思想所维护的原则神秘化。

此外，丘浚根据历史发展的客观情况，划分了法律发展的阶段。他认为"陶唐之前，法制未立"，人们靠"道"、靠"德"维持社会秩序；自尧始德法并立，本乎道德，制定礼法，但未有律，律是三代以后出现的。这种划分基本符合习惯、习惯法、成文法三大发展阶段。

2. 法律的目的与作用

在论述法律起源的同时，丘浚还注意到法律的目的与作用。他认为法律是"为民"除害的工具，作用在于使人弃恶从善，既惩罚犯罪，又预防犯罪。"惩之于小，所以戒其大，惩之于初，所以戒其终。"他将儒家的重民思想和法家的人性恶等观点相结合，认为刑罚是罪恶应得的报应，并提出了"君以民为天"的观点，发挥了孟子的"君轻民贵"说，带有启蒙主义的色彩。

丘浚的著作

3. 德、礼、政、刑的关系

丘浚论证了德、礼、政、刑的关系，将孔子分德礼、政刑为二与朱熹合德礼政刑为一结合起来。他认为，从方法上看，道德教化与法律强制是不同的，但从目的上看，两者却是一致的。它们在实践中有密切的联系，作为国家制度的礼制与法令，都是为实现同一目的的不同方法，是同一体系中的不同环节。只有交替使用这四种统治工具，才能有效地维护社会秩序。这种认识，反映了专制社会后期统治者的统治经验日趋成熟。

4. 立法思想

丘浚强调要因时因事而立法，即以"本天之理，制事之义，为民之利，因时立法，宜时处中"为立法原则。"本天之理，制事之义"强调"应经合义"，以天理（纲常）作为立法的指导；"为民之利"强调"立法以便民为本";"因时立法,宜时处中"强调法律宽严适中,不应偏颇,并强调法律要因时而变,不可死守。

丘浚的立法思想是对我国唐、宋、明各代立法经验总结而成的,在"因时"与"稳定"上皆有兼顾,这种立法思想比较全面。

5. 既"任法"又"任人"的司法思想

法令制定后,丘浚主张应及时公布,"使民易避而难犯",这样可使法令起到惩罚与教育的双重作用。在司法实践中,要法、例并用,以法为主;在"法所不载"的情况下,用例来补充。这样既可限制奸吏任意破坏法律,又可使法律制度简明完善。他认为法律在实践中的优劣取决于两个方面,一是法律自身的优劣,二是执法人员素质的高低。所以单独地强调"任法"或"任人"都是有失偏颇的,在司法中应既"任法"又"任人"。"法所载者,任法,法不载者,任人","法者存其大纲,而其出入变化固将付之于人"。

6. "慎刑恤狱"的思想

丘浚通过对儒家经典的研究归纳,主张继承发挥正统法律思想中"慎刑恤狱"的原则。他认为犯罪的经济根源在于"民穷"。要杜绝犯罪,首先要"养民""富民",而不能"劳民力""苦民心""费民财""戕民命"。犯罪的思想根源是发于"左道""邪术",儒家以外的佛、道思想都是诱发犯罪的原因。因此他主张兴儒家之教化,要"仁以存心,义以制事"。其次,丘浚主张原情定罪,"存哀敬以折狱"。他认为定罪量刑不仅要看行为与效果,还应注意动机,其动机的善恶则应以经义来衡量。因此在判罪时应"随其情而权其轻重,于经于律,两不违悖"。若经义与刑律相违,则"不可泥于法",而应"因情以求法"。

总之,丘浚对正统法律思想的总结比较全面、系统。在明代,正统法律思想虽然已随历史发展走向衰落,但是作为立法、司法的指导原则,它在人们的意识中仍根深蒂固,所以丘浚的总结对当时的法律变革仍具有一定的意义。

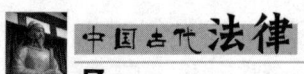

知识链接

廷杖之刑

廷杖是封建皇帝在殿廷上杖责大臣的一种刑罚。由于历代法律根本没有廷杖的规定，所以这其实是一种法外之刑，就是封建君主藐视法律，施行淫威的一种体现。明朝的廷杖，是从明太祖朱元璋时开始实施的。明朝最早的一次廷杖发生在洪武八年（1375年）。当时，刑部主事茹太素直言进谏万言书，说太祖杀人过多，措辞有很多忤触之处，朱元璋看后当场发怒，将茹太素紧急召来责问，在金銮殿就开始施行杖打。在这之后，廷杖便时常发生，有时甚至将臣下当众杖打而死。其中，朱元璋亲族被杖打而死的有亲侄子朱文正，功勋大臣被鞭死的有永嘉侯朱亮祖父子，位高权重的臣子被杖死的有工部尚书薛祥。因为朱元璋对官吏非常严酷，臣下只要有所触犯，轻者施行杖打，重者刀锯都很随意，后来导致士人提及当官就觉得畏惧，惶惶不可终日，朝廷内外，到处笼罩在一片恐怖气氛之下。"时京官每旦入朝，必与子诀，及暮无事，则相庆以为又活一日。"（《草木子》）。

图片授权

全景网

壹图网

中华图片库

林静文化摄影部

敬 启

本书图片的编选，参阅了一些网站和公共图库。由于联系上的困难，我们与部分入选图片的作者未能取得联系，谨致深深的歉意。敬请图片原作者见到本书后，及时与我们联系，以便我们按国家有关规定支付稿酬并赠送样书。

联系邮箱：932389463@qq.com

参考书目

1. 刘云生著. 中国古代契约思想史. 北京：法律出版社, 2012.
2. 沈晓敏主编. 中国法制史. 厦门：厦门大学出版社, 2012.
3. 何永军著. 中国古代法制的思想世界. 北京：中国法制出版社, 2013.
4. 李文玲著. 中国古代刑事诉讼法史. 北京：法律出版社, 2011.
5. 杨一凡主编. 中国古代法律形式研究. 北京：社会科学文献出版社, 2011.
6. 张晋藩著. 中国法制史. 北京：商务印书馆, 2010.
7. 马小红著. 中国古代社会的法律观. 郑州：大象出版社, 2009.
8. 胡兴东著. 中国古代死刑制度史. 北京：法律出版社, 2008.
9. 张晋藩主编. 中国古代监察法制史. 南京：江苏人民出版社, 2007.
10. 管军军编. 中国古代的"皇杖". 北京：中国法制出版社, 2006.
11. 马小红著. 中国古代法律思想史. 北京：法律出版社, 2004.
12. 林乾著. 中国古代权力与法律. 北京：中国政法大学出版社, 2004.
13. 王群瑛著. 中国古代的法律. 北京：希望出版社, 1999.
14. 李用兵著. 中国古代法制史话. 北京：商务印书馆, 1996.

中国传统民俗文化丛书

一、古代人物系列（9本）
1. 中国古代乞丐
2. 中国古代道士
3. 中国古代名帝
4. 中国古代名将
5. 中国古代名相
6. 中国古代文人
7. 中国古代高僧
8. 中国古代太监
9. 中国古代侠士

二、古代民俗系列（8本）
1. 中国古代民俗
2. 中国古代玩具
3. 中国古代服饰
4. 中国古代丧葬
5. 中国古代节日
6. 中国古代面具
7. 中国古代祭祀
8. 中国古代剪纸

三、古代收藏系列（16本）
1. 中国古代金银器
2. 中国古代漆器
3. 中国古代藏书
4. 中国古代石雕
5. 中国古代雕刻
6. 中国古代书法
7. 中国古代木雕
8. 中国古代玉器
9. 中国古代青铜器
10. 中国古代瓷器
11. 中国古代钱币
12. 中国古代酒具
13. 中国古代家具
14. 中国古代陶器
15. 中国古代年画
16. 中国古代砖雕

四、古代建筑系列（12本）
1. 中国古代建筑
2. 中国古代城墙
3. 中国古代陵墓
4. 中国古代砖瓦
5. 中国古代桥梁
6. 中国古塔
7. 中国古镇
8. 中国古代楼阁
9. 中国古都
10. 中国古代长城
11. 中国古代宫殿
12. 中国古代寺庙

五、古代科学技术系列（14本）

1. 中国古代科技
2. 中国古代农业
3. 中国古代水利
4. 中国古代医学
5. 中国古代版画
6. 中国古代养殖
7. 中国古代船舶
8. 中国古代兵器
9. 中国古代纺织与印染
10. 中国古代农具
11. 中国古代园艺
12. 中国古代天文历法
13. 中国古代印刷
14. 中国古代地理

六、古代政治经济制度系列（13本）

1. 中国古代经济
2. 中国古代科举
3. 中国古代邮驿
4. 中国古代赋税
5. 中国古代关隘
6. 中国古代交通
7. 中国古代商号
8. 中国古代官制
9. 中国古代航海
10. 中国古代贸易
11. 中国古代军队
12. 中国古代法律
13. 中国古代战争

七、古代文化系列（17本）

1. 中国古代婚姻
2. 中国古代武术
3. 中国古代城市
4. 中国古代教育
5. 中国古代家训
6. 中国古代书院
7. 中国古代典籍
8. 中国古代石窟
9. 中国古代战场
10. 中国古代礼仪
11. 中国古村落
12. 中国古代体育
13. 中国古代姓氏
14. 中国古代文房四宝
15. 中国古代饮食
16. 中国古代娱乐
17. 中国古代兵书

八、古代艺术系列（11本）

1. 中国古代艺术
2. 中国古代戏曲
3. 中国古代绘画
4. 中国古代音乐
5. 中国古代文学
6. 中国古代乐器
7. 中国古代刺绣
8. 中国古代碑刻
9. 中国古代舞蹈
10. 中国古代篆刻
11. 中国古代杂技